미국

USA

미국

USA

앨런 비치, 지나 티그 지음 | **이수진** 옮김

세계의 **풍습과 문화**가
궁금한 이들을 위한
필수 안내서

시그마북스
Sigma Books

세계 문화 여행 _ 미국

발행일 2024년 3월 15일 초판 1쇄 발행
지은이 앨런 비치, 지나 티그
옮긴이 이수진
발행인 강학경
발행처 시그마북스
마케팅 정제용
에디터 윤원진, 최연정, 최윤정, 양수진
디자인 김은경, 김문배, 강경희

등록번호 제10-965호
주소 서울특별시 영등포구 양평로 22길 21 선유도코오롱디지털타워 A402호
전자우편 sigmabooks@spress.co.kr
홈페이지 http://www.sigmabooks.co.kr
전화 (02) 2062-5288~9
팩시밀리 (02) 323-4197
ISBN 979-11-6862-209-8 (04900)
        978-89-8445-911-3 (세트)

CULTURE SMART! USA

Cover image: *New York City Central Park at sunrise.* © Shutterstock/IM_photo Shutterstock: 14 by canadastock; 19 by Sean Pavone; 21 by TierneyMJ; 23 by f11photo; 25 by Gary C. Tognoni; 28 by Bill45; 38 by Musa Visual Media LLC; 67 by BiksuTong; 89 by Michael Scott Milner; 93 by flysnowfly; 96 by Victoria Lipov; 107 by Elzbieta Sekowska; 110 by Mariusz S. Jurgielewicz; 113 by S. Dowling; 118 by MAD.vertise; 130 by Namrata D Photography; 133 by Brian Goodman; 138 by fitzcrittle; 144 by Winston Tan; 150 by TZIDO SUN; 154 by Kyle Wagner; 162 by Joseph Sohm; 170 by Brent Hofacker (top) Aimee Lee Studios (mid) NicoGomez (bottom); 182 by DW labs Incorporated; 186 by DW labs Incorporated; 188 by Checubus; 196 by Luke Stackpoole; 202 by GaudiLab; 210 by Jacob Boomsma; 222 by Luciano Mortula – LGM; 248 by Oleggg. Unsplash: 74 by tom coe; 164 by Joshua Rodriguez. Creative Commons Attribution-Share Alike 4.0 International: 244 by LowneyJen.

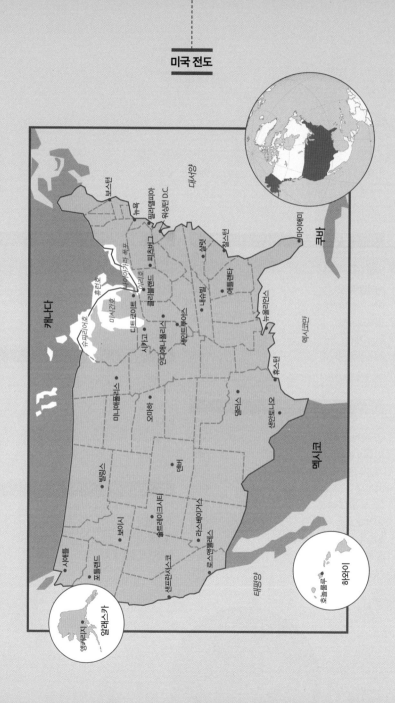

미국 전도

캐나다
대서양
쿠바
멕시코
태평양
멕시코만

보스턴
뉴욕
필라델피아
워싱턴 D.C.
뉴욕
나이아가라 폭포
이리호
휴런호
온타리오호
미시간호
슈피리어호
디트로이트
시카고
피츠버그
클리블랜드
내슈빌
애틀랜타
찰스턴
샬럿
리치먼드
인디애나폴리스
세인트루이스
미니애폴리스
오마하
댈러스
샌안토니오
휴스턴
뉴올리언스
마이애미
빌링스
덴버
보이시
솔트레이크시티
라스베이거스
샌프란시스코
로스앤젤레스
시애틀
포틀랜드

알래스카
앵커리지

하와이
호놀룰루

차 례

오늘날과 같은 글로벌 사회에서, 세계 제일의 초강대국이자 경제 대국이며, 여러모로 가장 영향력 있는 국가인 미국에 대해 알고 싶지 않은 사람이 있을까? 전 세계가 미국 문화의 많은 부분을 열광하며 받아들인다. 그러나 미국을 처음 방문하는 사람들이 자주 느끼는 '영화에서 본 것 같은' 친숙함은 오해의 소지가 있다. 화려한 대중문화의 이면에는 겉모습과 대비되는, 모순으로 가득 찬 다양하고 복잡한 사회가 존재한다. 과시적인 부와 소비는 극심한 빈곤과 공존하며, 오래되고 고즈넉한 시골 마을이 있는가 하면 고층 건물이 빽빽하게 늘어선 활기찬 도시도 있다. 미국은 비행기를 발명하고, 인터넷 시대를 개척하고, 최초로 인간을 달에 착륙시켰으며, 이제는 화성 탐사 분야에 선도적인 역할을 하고 있다. 즉, 미국은 첨단 기술을 통해 높은 성취를 이루어 낸, 진취적인 사람들의 문화로 이루어진 나라이다. 그뿐 아니라, 교회와 봉사활동에 헌신하는 영적이고 자비로운 사람들의 나라이기도 하다.

미국의 방대한 영토와 그 속에 존재하는 다양성은 엄청날 정도이다. 6개나 되는 시간대에 걸쳐있는 이 거대한 나라를 이해하기 위해서는 무엇부터 시작해야 할까?

이 책은 미국의 인간적인 면모를 이해하는 데 도움이 되는 문화적 '로드맵'이 되어줄 것이다. 이 책을 통해 미국 사회를 형성하는 데 가장 핵심적으로 영향을 끼친 요소 및 미국인만의 독특한 이상을 살펴보는 시간을 가질 수 있을 것이다. 미국인에게 깊이 새겨져 있는 가치관은 여러분이 미국의 도심 및 직장에서 마주치는 미국인의 행동과 태도를 결정짓는 중요한 요소이다. 끊임없이 변화하는 미국은 세계에서 가장 영향력 있는 초강대국으로서 책임을 다하는 동시에, 자국 내에서는 헌법이 정한 원칙을 따라야 한다는 과제에 직면해 있다. 또한 이 책을 통해 여러분은 미국인의 직장, 가정, 그리고 여가 생활도 엿볼 수 있을 것이다.

미국인은 너그러운 태도와 열린 마음으로 미국을 처음 방문한 사람들을 환영한다. 활기차고 모험심이 강하며 마음이 따뜻한 미국인들은 여러분의 방식대로 여러분을 받아들여 줄 것이다. 격식을 따지지 않으며 편안한 미국 사회에서는 문화적 결례를 범해 곤경에 처하는 일은 거의 없다. 그렇다고 해서 잘

못된 안도감에 사로잡혀서는 안 된다. 미국인들은 미국이 세계 최고의 국가라는 흔들림 없는 신념을 가지고 있다. 때로는 경쟁국을 불안한 시선으로 바라보기도 하지만, 세계를 이끄는 미국의 리더십은 하늘로부터 부여받은 것이라고 이들은 확신한다. 이와 같은 미국인의 굳건한 자부심과 소중한 이상을 유념한다면, 미국인은 당신에게 더 큰 애정을 베풀 것이다.

마지막으로 한 가지 주의 사항이 있다. 3억 3,000명이 넘는 사람들이 사는 광활한 대지를 탐색하기 위해서는 거시적인 시각으로 바라볼 수밖에 없다. 지구의 6분의 1을 차지하는 거대한 대륙에 널리 퍼진 이민자들의 나라이자, 1,000개가 넘는 다양한 문화로 새롭게 수놓아진 나라 미국을 하나의 틀 안에 짜넣기는 어렵다. 따라서 일반화는 피할 수 없는 선택이다. 경험을 통해 얻은 조언은 다음과 같다. 문화적 규범에 대한 정보를 숙지하되, 상황에 따라 유연하게 적용하라는 것이다. 다시 말해, 미국을 여행할 때는 열린 마음을 챙겼는지 꼭 확인하라.

공식 명칭	아메리카합중국(USA)	US나 U.S.도 일상적으로 사용된다.
인구	약 3억 3,300만 명	세계에서 세 번째로 인구가 많은 나라이다.
면적	약 982만 6,719km²에 달한다. 본토에는 48개 주와 수도인 특별자치구가 있으며, 이 외에 하와이주와 알래스카주가 있다.	푸에르토리코, 괌, 미국령 버진 아일랜드, 미국령 사모아, 북마리아나 제도 연방은 미국의 속령이다.
수도	워싱턴 D.C.	D.C.는 컬럼비아 특별자치구(District of Columbia)를 의미한다.
가장 인구가 많은 도시	뉴욕, 로스앤젤레스, 시카고, 휴스턴, 피닉스	
지형	서부는 산, 중부는 광활한 평야, 동부는 언덕과 낮은 산으로 이루어져 있다.	
기후	대륙성 기후이지만 지역에 따라 극단적인 기온과 강수량을 보이는 곳도 있다.	
통화	US 달러	
언어	미국 영어	미국에는 '공식' 언어가 없다. 그러나 대다수 정부 기관과 상업 시설에서는 영어뿐 아니라 스페인어와 중국어 서비스도 제공한다.
인종 구성	백인 또는 유럽계 76.3%, 흑인 또는 아프리카계 미국인 13.4%, 아시아계 5.9%, 원주민(아메리카 원주민, 알래스카 원주민, 하와이 원주민, 기타 태평양섬 지역 원주민) 1.5%, 혼혈 및 그 밖의 인종 2.8%. 2020년 인구조사에 의하면 전체 인구의 18.5%는 히스패닉 또는 라틴계이지만, 이는 인종을 뜻하는 용어는 아니다.	

평균 수명	79세(남성 76세, 여성 81세)
연령 구성	0~14세 18.37%, 15~64세 65%, 65세 이상 16.63%
종교	개신교(남침례교, 감리교, 루터교, 장로교, 성공회교 등) 46.6%, 천주교 20.8%, 모르몬교 1.6%, 그 밖의 기독교 1.7%, 유대교 1.9%, 이슬람교 1.2%, 불교 0.7%, 힌두교 0.7%, 기타 1.8%, 무신론자, 불가지론자 또는 무종교 22.8%
정부	50개 주 및 컬럼비아 특별자치구의 연방 정부 연방 정부는 워싱턴 D.C.에 있다. 행정부의 수장은 대통령이다. 양원제 입법부(의회)는 상원과 하원으로 구성된다.
경제	자유 시장 경제 체제이며, 부분적으로 정부 규제가 있다.
자원	광물 자원, 삼림 자원, 그리고 석유, 석탄, 천연가스를 포함한 에너지 자원
전화	국가 번호 1 국제전화를 걸 때는 011을 눌러야 한다.
시간대	본토에 4개의 시간대가 있으며, 알래스카주와 하와이주를 포함하면 미국의 시간대는 모두 6개이다. 동부 표준시: UTC(국제 표준시)-5시간 중부 표준시: UTC-6시간 산악 표준시: UTC-7시간 태평양 표준시: UTC-8시간 알래스카 표준시: UTC-9시간 하와이 표준시: UTC-10시간
언론 매체	주요 TV 채널은 ABC, CBS, 폭스, NBC이다. 1만 5,500개 이상의 FM 및 AM 라디오 방송국이 있으며, 1,260개의 일간지가 있다. 스포티파이와 애플 뮤직은 대표적인 음원 스트리밍 서비스 플랫폼이다.

01

영토와 국민

미국에는 50개 주가 있다. 대서양에서 태평양에 이르는 북미 대륙의 북쪽으로는 캐나다, 남쪽으로는 멕시코와 맞닿아 있는 본토에는 모두 48개 주가 있다. 수도인 워싱턴을 중심으로는 면적이 176km²에 이르는 컬럼비아 특별자치구가 있다.

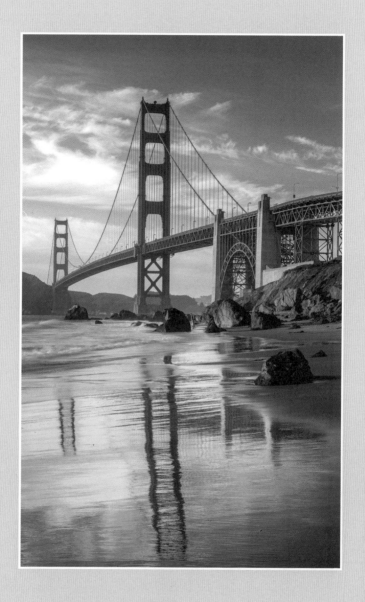

미국에는 50개 주가 있다. 대서양에서 태평양에 이르는 북미 대륙의 북쪽으로는 캐나다, 남쪽으로는 멕시코와 맞닿아 있는 본토에는 모두 48개 주가 있다. 수도인 워싱턴을 중심으로는 면적이 176km^{2}에 이르는 컬럼비아 특별자치구가 있다.

미국의 주를 상징하는, 성조기에 그려진 50개 별 중 나머지 2개는 캐나다 북서쪽에 있는 알래스카와 캘리포니아 서쪽에서 4,023km 떨어진 태평양 한가운데 있는 섬 하와이를 의미한다. 이 외에도 태평양에 있는 미국령 사모아, 괌, 북마리아나 제도 연방, 그리고 카리브해에 있는 푸에르토리코와 미국령 버진 아일랜드 역시 미국의 속령이다.

약 980만km^{2}나 되는 거대한 땅을 가진 미국은 세계에서 세 번째로 큰 나라이다. 미국 영토는 동부 해안 끝에서 서부 해안 끝까지 너비가 4,345km에 달한다. 대지를 둘러싼 산맥, 끝없는 초원, 늪지와 습지대, 울창한 우림, 황금빛 사막, 빙하 호수처럼 미국은 광활한 영토만큼이나 지리적으로도 매우 다양한 특징을 보인다. 미국과 캐나다 국경에 걸쳐있는 오대호는 세계에서 가장 큰 담수호로 내해(육지에 둘러싸여 있으며 해협을 통하여 대양으로 이어지는 바다-옮긴이)나 마찬가지이다. 미주리강과 미시시피강이 이어지는 강은 북미에서 가장 긴 하천으로, 미국의

2개 주가 각각 그 이름을 따 명명되었다. 19세기 마크 트웨인이 쓴 불후의 명작에도 등장하는 미시시피강은 한때 북부와 남부를 잇는 젖줄이나 다름없었다.

또한 미국에는 원주민 자치가 이루어지는 원주민 보호구역이 326개 있으며, 이들은 본토 면적의 약 2.3%를 차지한다.

기후

광대한 영토를 가진 나라답게 미국은 지역에 따라 기온과 강수량의 차이가 크다. 최북단의 북극성 기후부터 최남단의 열대성 기후까지 그야말로 다양한 기후가 존재한다. 한날한시에 오대호 지역에서는 매서운 한파를, 플로리다 지역에서는 따사로운 햇살을 경험할 수 있다!

중부 지역은 일교차와 연교차가 매우 큰 대륙성 기후가 두드러진다. 그레이트플레인스(대평원) 지역의 노스다코타주 여름 최고 기온은 영상 49°C까지 올라가지만, 겨울 최저 기온은 영하 51°C까지 떨어진다. 급격한 기후 변화를 막아줄 지형적 구조물이 없는 내륙 저지대는 남쪽에서 흘러오는 따뜻한 멕시코만류와 북쪽에서 불어오는 차가운 공기에 그대로 노출된다. 이러한 극과 극 기후 요소의 격렬한 충돌 때문에 눈보라, 우박, 토네이도, 먼지 폭풍 등 극단적인 날씨를 경험하기도 한다. 로키산맥과 애팔래치아산맥 사이 중부 평야 지역은 매년 토네이도로 큰 피해가 발생하는 곳으로, '토네이도 앨리(토네이도가 지나는 골목이라는 뜻-옮긴이)'라는 별명을 얻었다.

서부 산악 지역의 여름 날씨는 쾌적한 편이지만, 고지대는 겨울 동안 줄곧 눈으로 덮여있다. 애리조나주와 뉴멕시코주 저지대 사막의 여름 날씨는 덥고 건조하다. 그러나 겨울에는 놀랍도록 추운 날씨를 경험할 수도 있다.

해안 쪽 기후는 비교적 온화한 편이지만, 내륙 쪽은 그렇지 못하다. 동쪽 애팔래치아산맥과 서쪽 태평양 연안 산맥이 온화한 날씨의 유입을 막는 방파제 역할을 하기 때문이다. 멕시코만에서 시작해 북동쪽 대서양으로 흐르는 멕시코만류는 플로리다주 및 다른 멕시코 연안 지역의 덥고 습한, 사람들을 지치게 만드는 날씨의 원인이다.

태평양 연안은 1년 내내 포근하지만, 미국에서 가장 습한 북쪽 지역으로 갈수록 기온은 낮아진다. 캐스케이드산맥을 기준으로 양쪽 기후는 확연히 다른 특징을 보이는데, 숲이 울창한 서쪽 지역은 동쪽 모래 평원 지역보다 강수량이 최대 스무 배 더 많다. 기온 상승과 가뭄으로 대륙 서쪽 지역의 절반 정도에서는 산불이 증가했으며, 종종 번개에 의해 산불이 발생하기도 한다.

지역별 특징

미국의 쇼핑몰과 중심가는 어디나 비슷해 보이지만, 사실 미국에는 지역마다 풍부하고 다양한 문화가 존재한다. 사람들은 주마다 다른 자동차 번호판을 비롯해, 다양한 방법으로 자신들의 고유한 지역 정체성을 표현한다.

【 뉴잉글랜드 】

(메인, 뉴햄프셔, 버몬트, 매사추세츠, 코네티컷, 로드아일랜드)

꽤 작은 면적에 비해 뉴잉글랜드 지역은 미국의 정치 및 문화 발전에 중요한 역할을 해 왔다. 예를 들어 교회를 중심으로 시작된 '타운 미팅'은 시민들이 지역 문제에 의견을 제시하고 변화를 요구하는 데 중요한 역할을 했으며, 이는 오늘날 미국 주

민자치제도의 기초가 되었다. 미국 역사의 바탕을 이루는 종교적 원리, 정치적 행동주의, 근면성은 지역사회 참여와 직업윤리를 중요시하는 미국의 고유문화로 발전했다.

　유럽에서 온 초기 이민자 중 다수는 종교적 자유를 찾아 뉴잉글랜드로 온 영국의 개신교 신자였다. 당시 뉴잉글랜드에서는 반식민주의 정서가 지배적이었으며, 보스턴 차 사건을 시작으로 독립 전쟁 중 여러 전투가 발생하기도 했다. 어업과 선박제조업을 통해 보스턴에서 부를 축적한 사람들은 19세기 산업혁명에 자금을 지원했다. 이 지역의 부는 보스턴을 신생 국가 미국의 지식 문화 중심지로 만들었다.

오늘날, 뉴잉글랜드 지역은 포경업과 제조업 대신 첨단 산업에 주력한다. 그러나 보스턴식 억양과 콜로니얼 양식 주택, 하얀 첨탑을 가진 교회 등 뉴잉글랜드의 정취가 여전히 남아있다. 험준한 해안선과 코드곶의 모래사장은 관광객에게 인기가 많다. 버몬트주 그린마운틴에서는 무스와 흑곰도 볼 수 있다.

【 중부 대서양 】

(뉴욕, 뉴저지, 펜실베이니아, 델라웨어, 메릴랜드)

중부 대서양 지역은 역사 및 경제 활동의 중심지였다. 이민국이 있던 뉴욕주 엘리스섬은 새로운 삶에 대한 기대로 가득 찬 이민자들이 간절한 마음으로 뛰어들었던 용광로(멜팅 폿)나 마찬가지였다. 오늘날 북동부 지역 땅 약 $2.6km^2$당 거주하는 인구수는 서부보다 여덟 배 더 많다. 뉴잉글랜드의 자금이 산업혁명의 동력이 되었을지 모르지만, 뉴저지주와 펜실베이니아주의 노동력이 없었다면 지속되지 못했을 것이다. 뉴욕은 금융의 중심지로 부상했으며, '빅애플(뉴욕의 별칭-옮긴이)'만이 지닌 에너지, 속도감, 강렬함은 미국 자본주의의 표본이자 원동력이

약 3,411km²에 달하는 뉴욕 센트럴파크의 방문자는 연간 4000만 명 정도로 추산된다.

되었다. 워싱턴 D.C. 이전 미국의 수도였던 8개 도시 중 하나
인 필라델피아는 1776년 독립선언문과 이후 헌법 초안이 작성
된 역사적인 장소이다.

이 지역에 살던 농부와 상인은 넓은 농지, 풍부한 물, 그리
고 삼림으로부터 야생동물, 수목, 광물과 같은 자원의 특혜를
누릴 수 있었다. 이곳의 자연은 미국 내 다른 어떤 지역보다
인간의 손길이 많이 닿았지만, 여전히 근사한 풍광을 간직하
고 있다. 움푹 들어간 해안선을 따라가면 구불구불 이어지는
모래 언덕과 북적이는 항구 리조트가 늘어서 있다. 대서양 연

안 저지대에는 주요 대도시 교통을 잇는 통로뿐 아니라 완만한 경사를 이루는 농지도 있다. 내륙 쪽 평야는 뉴욕주의 캐츠킬산맥, 그리고 펜실베이니아주의 앨러게니산맥으로 이어진다. 이 산맥들은 동부 해안을 따라 북쪽 메인주에서 남쪽 조지아주까지 등줄기처럼 이어지는 애팔래치아산맥의 일부이다. 하천 역시 장관을 연출한다. 모텔과 보잘것없는 상업 시설로 둘러싸여 있지만, 세계 7대 자연경관 중 하나인 나이아가라 폭포의 웅장한 모습은 여전히 보는 이의 숨을 멎게 할 정도이다.

【 중서부 】

(오하이오, 미시간, 인디애나, 위스콘신, 일리노이, 미네소타, 아이오와, 미주리 일부, 노스다코타, 사우스다코타, 네브래스카, 캔자스, 콜로라도 동부)

중서부 지역은 미국 농업의 중심지로, 과거 소규모 농장이 모인 형태에서 대규모 밀밭으로 변모했다. 광활한 내륙 평원 북동쪽에 있는 이 지역은 오랫동안 미국의 곡창지대로 여겨졌다. 비옥한 토양과 우수한 자연환경에 매력을 느낀 유럽 이민자들은 중서부 내륙 평원에서 농사를 짓기 시작했다. 미국에서 세 번째로 큰 도시인 시카고가 있는 일리노이주에는 폴란드, 독

오하이오주 클리블랜드 도심의 해 질 무렵

일, 아일랜드 출신 이민자들이 모여들었다. 스칸디나비아인은 자신들에게 친숙한 자작나무와 소나무 숲이 있는 미네소타주에 정착했다. 유럽 이민자들이 정착했던 위스콘신주 밀워키 지역은 오늘날 유럽풍 선술집과 맥주 축제로 유명하다.

한때는 변방이나 다름없었던 이 지역은 미시시피강을 지나 서부로 정착하는 사람들이 늘어나면서 무역과 교통의 중심지로 탈바꿈했다. 뉴욕에서 시카고로 이어지는 '러스트 벨트(과거 제조업이 발달했으나 현재는 쇠퇴한 지역-옮긴이)'에는 원자재 가공부터 기업이나 일반 소비자 대상 중공업 제품 생산까지 대규모 제조업이 발달한 도시가 많았다. '모터 도시' 또는 R&B 팬들에게 '모타운(디트로이트에 기반을 둔 레코드 레이블-옮긴이)'으로 알려진 미시간주 디트로이트는 미국 자동차 산업의 본거지이지만, 다른 제조업 분야와 마찬가지로 최근 몇 년 동안에는 녹록지 않은 시기를 겪었다.

이 지역은 '미국의 심장'이라고도 불린다. 건전한 가치관과 소박한 성품을 지닌 중서부 사람들이 전형적인 미국인을 대표한다고 여겨지기 때문이다. 다코타 지역에는 3500만 년 전 올리고세 화석층을 포함해 역사적으로 가치 있는 인류학 및 고생물학 자료가 많이 남아있다. 그러나 이 지역의 황량한 풍경은 블랙힐스와 배드랜드 지역에서 발생한 군인, 이주민, 그리고 원주민 간 전쟁을 떠올리게 한다. 모래바람 등 혹독한 자연 환경과 벌인 끝없는 사투는 이 지역 사람들의 금욕적이고 말수가 적은 성격 형성에 한몫했다. 서쪽 끝 그레이트플레인스 대평원은 장대히 솟아올라 로키산맥으로 이어진다.

【서부】

(콜로라도, 와이오밍, 몬태나, 유타, 캘리포니아, 네바다, 아이다호, 오리건, 워싱턴)

북쪽 몬태나주에서 남쪽 뉴멕시코주까지 길게 뻗은 로키산맥은 서부 지역을 양분한다. 인터몬테인고원(산맥으로 둘러싸인 내륙 고원-옮긴이)의 빙하 분지와 평원에는 유타주의 솔트레이크시티, 애리조나주의 그랜드캐니언, 캘리포니아주의 모하비 사막이 자리한다. 태평양 연안에 가까운 시에라네바다산맥은 캘리포니아주를 지난다. 이 산맥은 오리건주 및 워싱턴주를 따라 캐스케이드산맥 화산 봉우리를 지나며 캐나다 국경까지 뻗어있다.

서부의 자연환경은 마치 일부러 방문객이 접근하지 못하도록 작정한 것처럼 느껴진다. 다른 곳에 비해 산은 더 험준하고, 사막은 더 위험하며, 강의 물살은 더 거세고, 산불은 더 빈번히 발생하기 때문이다. 회색곰, 퓨마, 방울뱀 등 이 지역에 서

캘리포니아주 요세미티 계곡

식하는 야생동물조차 사납다. 게다가 비교적 최근에 진입 장벽이 더 높아진 것 같기도 한데, 1906년 샌프란시스코 대지진의 진원지가 포인트레예스였기 때문이다. 샌앤드레이어스 단층으로 발생한 이 지진으로 태평양에 약 16km나 튀어나온 반도가 만들어졌다.

캘리포니아주는 로스앤젤레스나 샌프란시스코 같은 매력적인 도시뿐 아니라 아름다운 자연환경으로도 유명하다. 장난기 있고 활력이 넘치는 캘리포니아 사람들은 세계적 수준의 스키 슬로프, 우거진 포도밭, 끝없이 펼쳐진 해변이 지척에 있다는 사실에 자부심을 느낀다. 캘리포니아주는 미국에서 가장 중요한 각종 농업 경제의 중심지이며, 이곳의 따스한 햇볕과 다양한 풍광은 미국의 영화 산업이 서부 해안 지역에서 발달하는 데 큰 영향을 미쳤다.

서부만의 독특한 매력, 쾌적한 자연환경, 대안적 라이프스타일에 대한 관용은 오랫동안 이민자의 마음을 사로잡았다. 그러나 최근에는 높아진 생활비에 대한 부담으로 서부에 오래 거주한 사람조차 다른 지역으로 이주하는 경우가 점점 더 많아지고 있다.

【 남서부 】

(텍사스 서부, 오클라호마 일부, 뉴멕시코, 애리조나, 네바다, 캘리포니아 남부 내륙 지역)

남서부 지역의 사막 풍경은 초자연적인 분위기를 자아낸다. 1867년 개척자 필립 대럴 듀파는 애리조나주에서 가장 큰 도시에 피닉스(불길 속에 뛰어들어 죽지만 잿더미에서 다시 살아나는 전설 속 새-옮긴이)라는 이름을 붙였다. 이 지역 사막의 오아시스가 고대 문명의 잿더미에서 생겨났다고 믿었기 때문이었다. 사실 듀파가 믿은 생명력 있는 '오아시스'는 유럽인이 미국에 정착하기 몇백 년 전 이미 만들어진, 원시적이지만 우수한 관개 시설 덕분에 생겨났다. 고대 문명의 또 다른 흔적은 9세기에 과학이 발달한 차코 문화 유적과 절벽에서 발견된 13세기 모골론 부족의 집터에도 남아있다. 햇볕에 말린 어도비 벽돌로 지은 멕시코 푸에블로 원주민의 주거지 유적과 광부들이 버려두고 떠난 마을 유적 역시 이 지역의 문화적 다양성을 보여준다.

나바호족(미국 남서부 지역에 거주해 온 원주민 부족-옮긴이)은 자신들이 사는 대지를 신성하게 여기며 인간은 여러 전생을 거쳐 현생에 이르렀다고 믿는다. 많은 원주민 후손이 남서부 지역 영토의 절반을 차지하는 원주민 보호구역에 살고 있다. 원주민 보호구역은 이들 사이에서 '국가'로 불리며, 어느 정도 자치권과 자율성을 보장받는다. 보호구역에서는 그들만의 독특한 행동 규칙을 존중해야 한다는 사실을 유념해야 한다.

안정적인 물 공급이 가능해지면서 한때 황량했던 금단의 남서부 사막 지역은 재택근무자, 이민자, 은퇴자에게 매력적인 선택지가 되었다. 실제로 낮은 습도, 풍부한 일조량, 세계적 수준의 골프 코스 덕분에 피닉스, 앨버커키, 투손은 미국에서 가장 빠르게 성장하는 도시로 급부상했다.

수십억 년에 걸친 지형 변화, 강풍 및 침식 작용, 그리고 평

애리조나주 나바호 카운티 헌츠 메사에서 바라본 모뉴먼트밸리

범하지 않은 지리적 특성은 이 지역의 독특한 자연환경을 만들었다. 페인티드 사막의 무지갯빛 암석층, 모뉴먼트밸리의 붉은 사암산, 그랜드캐니언의 오렌지색 협곡, 화이트샌즈 모뉴먼트의 새하얀 풍경은 사막에서는 단조로운 갈색만 볼 수 있다는 우리의 고정관념을 뒤집는다.

【남부】

(버지니아, 웨스트버지니아, 켄터키, 테네시, 노스캐롤라이나, 사우스캐롤라이나, 플로리다, 조지아, 앨라배마, 미시시피, 텍사스 중부, 아칸소, 루이지애나, 미주리 및 오클라호마 일부)

역사, 기후, 위치적 특성뿐 아니라 음악, 음식, 독특한 말씨까지 남부는 미국에서 가장 지역적 색채가 강한 곳이다. 남북전쟁부터 민권 운동까지, 광대한 영토 획득에서 끊임없이 밀려드는 이민자 물결에 이르기까지 다양한 문화, 격동적 역사, 사회 통합을 위한 지속적인 노력이 오늘날 남부를 만들었다. 정치적 갈등과 물리적 충돌은 남부만의 강력한 독립성으로 이어졌다. 텍사스 사람들은 어떤 일을 할 때 그 결과를 신경 쓰지 않는 태도로 유명하지만, 일반적으로 남부 사람들은 친절하고 매력적이며 온화하다고 알려져 있다. 이 '론스타(텍사스의 별칭-옮긴이)'의 비공식 모토는 "텍사스를 내버려 두세요."이다. 이는 텍사스

주가 한때 독립된 국가였으며, 여전히 자신을 그렇게 생각하고 있다는 사실을 말해준다!

남북전쟁에서 노예제를 찬성한 남부가 그렇지 않은 북부에 패하고, 1700년대 후반 남부와 북부를 구분하던 메이슨·딕슨 선은 지도에서 사라졌지만, 여전히 남부 연합기(남북전쟁에서 노예제를 지지한 남부 11개 주의 연합기-옮긴이)의 문양처럼 뚜렷한 경계선이 이 지역에 남아있는 것 같다. 사우스캐롤라이나주와 미시시피주는 인종차별 논란이 제기되어 온 남부 연합기 게양을 전면 금지하는 법안을 통과시켰다. 같은 이유로 남부 연합 지도자들의 동상도 철거되고 있다.

남부는 주마다 차이점이 크게 두드러지기도 한다. 사우스캐롤라이나주 찰스턴과 조지아주 애틀랜타 같은 도시의 화려함과 풍요로움은 미시시피주나 웨스트버지니아주 빈민가나 캠핑카 구역에 사는 사람들의 삶과 극명히 대비된다. 남부에는 목화를 재배하는 비옥한 내륙 평야 지대뿐 아니라, 미주리주의 오자크고원, 버지니아주의 블루리지산맥, 테네시주의 그레이트스모키산맥과 같은 산악 지형도 있다. 동쪽 해안 지역에는 허리케인에 취약한 섬들이 흩어져 있다. 플로리다주 에버글레이즈 지역에는 사나운 악어뿐 아니라 미국의 위대한 시인 오그던 내시가 "외모에 신경 쓰지 않는다."라고 묘사한, 독특한 외모를 가진 동물인 매너티가 서식한다. 루이지애나주 강가 참나무 고목에 자라는 스페인 이끼와 맹그로브 습지는 미국 남부를 떠올리게 하는 가장 대표적인 이미지이다.

【 알래스카와 하와이 】

미국에 지형적 다양성을 더하는 알래스카의 빙하 산맥에는 미국에서 가장 높은 봉우리를 가진 매킨리산(현재는 디날리산으로 명칭을 변경했다-옮긴이)이 있다.

관광객의 천국인 하와이 제도는 화산 지형, 열대 식물, 검은 모래 해변, 그리고 미국에서 가장 높은 생활비로 유명하다.

이민자의 나라

"에 플루리부스 우눔(여럿에서 하나로)"

미국의 건국 이념

종교적 자유를 갈망한 영국인, 동유럽의 집단 학살을 피해 달

아난 유대인, 식량 부족과 굶주림에서 탈출한 아일랜드인에게 미국은 안식과 기회를 가져다줄 땅이었다. 1886년 이래, 뉴욕 항에 도착한 이민자 수백만 명의 눈에 처음 들어온 자유의 여신상은 희망의 상징과도 같았다.

뉴욕주 엘리스섬에 있는 이민 박물관은 한때 미국에서 가장 붐볐던 이민국이 있던 장소로, 당시 이민자들의 생활상과 고난, 그리고 정착 과정을 고스란히 기록하고 있다. 오늘날 미국 인구의 거의 절반 정도는 이민 최대 절정기였던 1892년부터 1954년 사이 엘리스섬을 통해 입국한 이민자 1200만 명의 후손이며, 이들 중 대부분은 유럽 출신이었다.

다양한 민족 배경을 가진 사람들이 어울려 만들어 온 미국이라는 '태피스트리'는 지금도 여전히 만들어지는 중이다. 2020년 인구조사에 따르면, 전체 미국 인구의 1.5%는 알래스카 사람, 하와이 사람, 그리고 아메리카 원주민(아메리칸 인디언)이 차지한다. 13.4%는 '흑인 또는 아프리카계 미국인(백인과 아메리카 원주민의 피가 섞인 미국 흑인-옮긴이)'이며, 5.9%는 아시아계이다. 자신을 '백인 또는 유럽계'라고 밝힌 사람은 76.3%에 이른다. 그중 약 18.5%는 히스패닉(스페인어권 출신의 미국 이주민-옮긴이) 또는 라틴계(미국에 거주하는 라틴 아메리카계 이주민-옮긴이)로, 인구조

엘리스섬에서 입국심사를 기다리는 사람들

사에서는 이 두 용어를 혼용하지만 이는 특정 인종을 지칭하는 표현은 아니다. 히스패닉에는 백인, 흑인, 그리고 아시아인이 모두 존재할 수 있지만, 인구조사에서는 대부분 이들을 '기타' 인종으로 분류한다.

지리적 분포를 살펴볼 때, 백인의 경우 미 전역에 거주하는 반면, 소수 인종은 특정 지역에 모여 사는 경향이 있다. 아프리카계 미국인은 주로 남부 혹은 산업이 발달한 중서부 및 북동부 지역 도시에 모여 산다. 당연한 소리지만 히스패닉은 미국과 중남미 국경 지역에 주로 거주한다. 일례로, 텍사스주 러레이도 지역 인구의 96%는 히스패닉이다. 아시아계는 미국에서 가장 빠르게 그 수가 증가하고 있는 인종으로, 대부분 입국 시 들어온 서부 해안의 항구 인근에 정착했다.

지역별 차이는 있지만, 현재 미국의 출생률은 사망률을 밑돌며, 장기간 감소세를 보이고 있다. 사회보장 기금 규모의 축소와 더불어 인구 고령화는 미국의 정치인과 기업인 모두가 우려를 표하는 문제이다. 그러나 이민자로 인해 미국 인구는 매년 약 100만 명씩 증가하고 있으며, 합법적인 이민자 대부분은 미국 시민권을 취득하고 있다. 인구통계를 살펴볼 때, 히스패닉 인구는 비히스패닉보다 더 빠르게 증가하고 있다. 불법 이민자는 전체 이민자 수의 약 4분의 1을 차지하며 이들은 각종 사회적, 정치적, 경제적 문제를 초래한다.

소수 인종, 즉 백인이 아닌 인종의 출생률은 이미 백인의 출생률을 넘어섰다. 현재와 같은 추세가 지속된다면 2045년 이전에 전체 미국인 중 백인이 차지하는 비율은 50% 이하로 떨어질 것으로 보인다. 이때 전 세계 인구는 약 95억 명, 그중 미국 인구는 약 3억 9000만 명에 이를 것으로 예상된다.

이민자 사회에서는 서로 다른 두 문화를 수월하게 받아들이며 살아가는 사람들을 찾아볼 수 있다. 다양한 문화적 배경을 가진 이들은 낮에는 미국 주류 사회에 조화롭게 녹아들어

생활하다가 밤이 되면 각자 보금자리로 돌아가 자신들만의 고유한 언어와 전통, 문화를 즐긴다.

오늘날 미국 사회를 묘사할 때, '멜팅 폿'보다는 '샐러드 볼 (멜팅 폿과 달리 다양한 민족과 문화가 각자의 특징을 지니며 조화로운 통합을 이루는 현상-옮긴이)'이 더 적절한 비유로 보인다. 미국인은 종종 자신들이 유대계 유럽인 혈통에 스칸디나비아인의 피가 약간 섞인 패치워크 같은 가계도를 가졌다고 자랑하듯이 말하지만, 사실 서로 다른 민족이나 인종 간의 결혼은 비교적 최근에 와서야 이루어졌다.

점점 더 다양한 국가에서 온 이민자들이 정착하면서 미국

· 멜팅 폿 ·

'멜팅 폿(다양한 민족과 문화가 용광로 속에서 서로 융합되어 하나로 동화되는 현상-옮긴이)'이라는 용어는 유대계 영국 작가 이스라엘 장윌이 1908년 쓴 희곡에서 처음 사용되었다. 용광로를 뜻하는 그의 작품 『멜팅 폿』에는 "독일인, 프랑스인, 아일랜드인, 영국인, 유대인, 러시아인이여, 모두 함께 용광로로 들어가세! 신이 지금 미국인을 만들고 있다네!"라는 구절이 등장한다.

사회는 쉴 새 없이 바뀌는 만화경 속 그림처럼 끊임없이 변화하고 있다. 동시에 미국은 다문화주의에서 비롯된 여러 과제와 역사적으로 중요한 미국의 가치 사이 균형을 유지하기 위해 노력하고 있다. 로스앤젤레스에서 인종 간 폭력 사태가 극에 달했던 1991년, 과잉 폭력의 희생자가 된 흑인 남성 로드니 킹은 "그냥 모두 함께 잘 지낼 수는 없나요?"라는 유명한 말을 남겼다. 미국인들이 대부분 서로 잘 어울려 지내는 이유는 아마도 다양성과 포용성이라는 건국 이념 덕분인 듯하다.

정부의 구성

미국은 1787년 제정된 세계 최초의 성문헌법을 기반으로 1789년 연방 정부 체제를 수립했다. 미 헌법은 과도한 중앙 권력으로부터 국민을 보호하기 위한 견제와 균형 시스템을 설계했다. 이에 행정부, 입법부, 사법부의 삼권 분립을 통해 연방 정부(중앙 정부)와 각 주 정부 간 균형을 꾀했다.

연방 정부의 권력을 제한하고 국민의 권리를 보호하기 위해, 1791년 1차 개정에서 오늘날 '권리 장전'이라고 불리는 10개의 수정 조항이 헌법에 추가되었다. 미국 민주주의의 초석을 다졌다고 여겨지는 권리 장전에는 표현의 자유, 무기 소지의 자유, 그리고 자신에게 불리한 진술을 거부할 수 있는 권리에 관한 조항이 포함되어 있다. 1865년 13차 개정을 통해 '노예를 소유할 수 있는 권리'는 사라지고, '노예가 되지 않을 권리'가 생겨났다. 1919년 18차 개정에서는 금주법 조항이 추가되었다. 이 두 조항은 정부의 권한이 아닌 국민의 권리를 제한한 조항이었다는 점에서 의미가 있다. 이 중 금주법에 관한 조항은 이후 유일하게 폐지된 조항이 되기도 했다.

정부 각 부처 간의 권력 구도는 끊임없이 변화하며 논란의 중심이 되어 왔다. 200여 년 전 성문화된 헌법의 모호한 문구를 오늘날 사회 문제에 적용하는 일은 법을 연구하는 학자나 사법부 모두에게 중요하다. 그러나 1787년 제정된 이래, 미 헌법이 미국인이 대대로 중시해 온 가치와 염원을 명확하게 표현했다는 사실에 이의를 제기하는 사람은 거의 없다.

【 행정부 】

미국 행정부는 4년 임기를 가지는 대통령, 대통령의 러닝메이트로 함께 선출되는 부통령, 그리고 15개 부처의 행정 각료와 장관으로 구성된 내각으로 이루어진다. 내각 구성원이 반드시 정치인이어야 할 필요는 없으며, 선출직이 아닌 대통령 임명직이지만 상원의 인준을 통과해야 한다. 대통령은 행정부의 수장이자 군대의 총사령관이며, 재선까지는 가능하지만 꼭 연임해야 하는 것은 아니다.

【입법부】

입법부인 의회는 상원의원 100명과 하원의원 435명으로 구성된다. 각 주 하원의 의원 수는 인구에 비례해 결정되며, 임기는

국회 의사당, 상원, 하원, 대법원이 있는 미국 워싱턴 D.C. 캐피톨 힐

2년이다. 상원의원은 주마다 2명씩 있다. 이들의 임기는 6년이
며, 의석의 3분의 1이 2년마다 선출된다.

【사법부】

사법부를 총괄하는 대법원에는 모두 9명의 법관이 있으며, 이
는 대통령이 임명하는 종신직이다. 대법원은 최고 사법 기관으
로 입법 및 행정 결정의 합헌 여부를 최종 판단하고, 연방 정
부와 주 정부 간 균형을 유지하는 역할을 한다.

【주정부】

시간이 지나면서 연방 정부의 역할이 지속해서 확대되자 연방
정부와 주 정부 간 힘의 균형에 미세한 균열이 생겼다. 그러나
각 주 정부는 여전히 행정과 정책 결정에 상당한 자율성을 유
지하고 있다. 음주 가능 연령, 낙태, 사형 관련 법에 대한 주마
다 다른 법률과 판결은 외국인에게는 혼란스럽게 느껴질 수
있다. 주 정부의 구성은 대체로 연방 정부와 비슷하며, 주마
다 헌법, 최고 행정관(주지사), 양원제 의회, 그리고 법원이 존재
한다.

【정당】

미국의 '승자독식' 선거제도는 양당 체제에 유리하다. 민주당은 공화당보다 더 진보적인 성향을 보이며, 정부의 역할이 강화되어야 한다고 생각한다. 그들은 복지 정책 확대를 위한 조세 부담 증가에 찬성하며, 소득이 높을수록 세금을 많이 내야 한다고 생각한다. '국민의 정당'이라고 여겨지는 민주당은 특히 소수 민족과 여성들의 지지를 받는다.

민주당보다 보수적인 성향으로 자유 시장 경제 체제를 지지한다고 여겨지는 공화당은 '위대하고 오래된 정당Grand Old Party'의 약자인 G.O.P.라고도 불린다. 이들은 주 정부의 권리, 낮은 세금, 부자를 위한 감세 조치, 작은 정부, 강력한 군대 등의 필요성을 주장한다. 공화당은 중산층, 기업, 농촌 지역의 지지를 받고 있다.

진보와 보수 사이에는 넓은 스펙트럼이 존재하지만, 전반적으로 미국 정치는 유럽의 보수 정치에 가깝다. 영국의 정치 풍자 잡지 〈프라이빗 아이〉의 편집자 이언 히슬롭은 미국에는 '보수적인 정당'과 '매우 보수적인 정당'만 존재한다고 말하기도 했다. 물론 미국의 자유주의는 공산주의와는 완전히 다르지만, '사회주의'와 '자유주의', 그리고 최근의 '워키즘wokeism(정치적으로 깨어있는 'woke' 상태로 사회의 불평등을 인식하고 개선하려는 이념-옮긴이)'도 민주당과는 거리가 멀다. 한편, 정치적 극우파는 종종 '아무것도 모르는' 반지성주의를 옹호한다. 2022년 일부 공화당 상원의원 후보자들은 진화론을 믿지 않는다고 공표하기도 했다. 선거 운동 기간에는 총기 규제, 낙태, 성 정체성, 동성 간 결혼, 피임, 그리고 투표권에 이르기까지 사회적 분열을 일으키는 각종 주요 쟁점이 수면 위로 떠오른다. 자금력을 갖춘 특정 이익 집단이 정책 결정에 영향을 미치기 위해 정치인에게 로비를 벌이는 현상도 미국 정치 문화의 특징 중 하나이다.

오랜 기간 각 정당은 유권자의 약 40%를 차지하는 '지지층'에 의존해 왔지만, 지지층의 지리적 분포 양상은 세대마다 변화했다. 그러므로 미국 대통령 선거 결과는 정치적으로 유동적인 중도층과 무당파 부동층에 의해 좌우된다고 볼 수 있다. 역사상 어떤 대통령도 유권자로부터 62%가 넘는 지지를 얻지는 못했다! 녹색당 등 제3당은 이러한 정치 구도에서는 영향력을 발휘하기 어렵다.

선거인단 투표 방식으로 인해 미국의 투표 성향은 주 단위로 분석된다. 민주당이 우세한 주는 파란색, 공화당이 우세한 주는 빨간색으로 표시한다. 현재 파란색은 서부 해안을 따라 늘어서 있거나 오대호 주변에 모여있거나 워싱턴 D.C.에서 동부 해안선을 따라 북쪽 메인주에 이른다. 빨간색은 주로 중부 지역에 분포한다.

최근 몇 년 동안 양당 간 분열이 눈에 띄게 두드러지고, 정쟁은 거세졌으며, '초당파주의'는 줄어들었다. 이에 따라 정부는 종종 교착 상태에 빠지기도 한다.

【 연방 선거제도 】

미국 대선은 4년마다 11월의 첫 번째 화요일에 실시되며 당선인의 취임식은 이듬해 1월 20일이다.

엄밀히 말해 미국 대선은 국민 개인에 의한 직접 선거가 아니라 538명으로 구성된 선거인단에 의해 선출되는 간접 선거이며, 이는 외국인에게는 이해하기 쉽지 않은 개념이다. 선거인 수는 주 인구수에 비례해 정해진다. 그러나 인구수 차이보다 선거인단 수 차이가 작으므로 작은 주에 다소 유리한 면이 있다. 미국 대통령 선거는 특정 대선 후보를 지지하는 해당 주의 선거인단에게 국민을 대신해 투표하라고 지시하는 방식이나 마찬가지다. 대부분 주에서는 가장 많은 표를 얻은 후보가 해당 주 선거인단 전체 표를 독차지하게 된다. 오직 메인주와 네브래스카주에서만 선거 결과에 따라 선거인단 표를 배분한다. 전체 선거인단 538명 중 과반인 270명 이상 지지를 얻은 후보가 대통령에 당선된다.

미국 역사상, 다섯 번의 대선에서 일반 유권자 투표에서는 최다 지지를 얻지 못했던 후보가 선거인단 투표 결과에 따라 대통령으로 선출되었다. 이들은 존 퀸시 애덤스(1824년), 러더퍼드 B. 헤이스(1876년), 벤저민 해리슨(1888년), 조지 W. 부시(2000년), 도널드 트럼프(2016년)이다.

역사 개관

오래전부터 미 대륙에 거주했던 아메리카 원주민 부족이나 10세기 뉴펀들랜드에 정착한 바이킹의 존재에도 불구하고, 공식적으로 '아메리카 대륙의 최초 발견자'는 이탈리아의 탐험가 크리스토퍼 콜럼버스(그를 후원한 스페인에서는 크리스토발 콜론으로도 불린다)로 알려져 있다. 1492년 콜럼버스가 카리브해 제도를 동인도 제도로, 그곳 원주민을 '인도인'이라고 착각한 일은 항해 역사상 가장 유익했던 '오해' 중 하나였다. 이후 콜럼버스는 세

차례나 더 같은 지역을 항해했지만, 오늘날 미국 본토가 있는 땅을 발견하지는 못했다. 콜럼버스가 원주민을 무자비하게 학살했다는 사실이 알려지면서 최근 몇 년 동안 그의 명성은 재평가되었고 그를 기리는 기념물 또한 철거되었다. 현재는 점점 더 많은 사람이 10월의 공휴일인 '콜럼버스의 날'을 '원주민의 날'로 부르고 있다.

신대륙의 눈부신 풍요로움에 관한 이야기가 유럽에 전해지자, 미국을 식민지로 삼으려는 경쟁이 시작되었다. 스페인은 미국 남부 및 남서부의 넓은 지역을 차지했다. 프랑스는 북부 지역을 차지하고 모피 무역에 열을 올렸다. 흥미로운 점은, 오늘날 가장 많은 인구가 사는 동부 해안 지역 대부분이 당시에는 모기들의 천국이자 사람이 살 수 없는 땅으로 여겨졌다는 사실이다. 영국의 탐험가 월터 롤리가 노스캐롤라이나주에 건설한 로어노크섬 식민지가 흔적도 없이 사라지는 기이한 사건이 발생하고 유럽인들이 담배에 중독되자 영국의 태도에도 변화가 생겼다. 1607년 영국 왕실은 수익성이 좋은 농작물 재배를 위해 버지니아주 제임스타운에 식민지를 건설했다. 1700년대 중반까지, 영국은 메인주에서 조지아주에 이르는 미국의 동부 해안 지역에 13개의 식민지를 세웠다.

【 모범 사회 】

영국이 세운 식민지 중 하나는 메이플라워호를 타고 온 청교도가 정착한, 오늘날 매사추세츠주의 플리머스 카운티이다. 청교도는 영국 국교회(성공회)의 박해를 피해 미국으로 건너온 복음주의 개신교 종파였다. 이후 이들의 지도자인 존 윈스럽은 새로운 땅에서 전 세계의 '모범 사회'가 되는 자치 공동체 건설을 구상했다. 청교도는 미국인에게 다른 나라들이 우러러보는 '언덕 위의 빛나는 도시'를 만들기 위해 부름을 받은 사람

「플리머스의 추수감사절」(미국 화가 제니 브라운스콤)

들이라는 사명을 심어주었고, 이는 미국 건국 정신의 기원이 되었다.

미국 땅에서 식민지 건설 경쟁을 벌이던 유럽 열강들의 야망은 1757~1763년에 일어난 7년 전쟁으로 이어졌고, 그 결과 영국은 캐나다와 미시시피강 동쪽 지역을 차지했다. 영토는 획득했지만, 식민지를 유지하는 비용에 골치를 앓던 영국은 미국인에 대한 세금을 인상하기로 했다. 이에 미국은 "대표 없이 과세 없다!"라고 외치며 집단 반발했다. 영국과 미국의 갈등은 1773년 영국의 과도한 세금 징수에 반발한 미국인들이 보스턴항의 배에 실려있던 영국 차 상자를 바다에 버린 '보스턴 차 사건'을 계기로 폭발했다.

【 혁명과 독립 】

과세에 반대하는 시위가 격화되고 긴장이 고조된 가운데, 1775년 4월 19일 매사추세츠주 렉싱턴에서 발생한 식민지 민병대와 영국 군인 간의 무력 충돌로 미국 독립 전쟁의 본격적인 서막이 올랐다.

1776년 7월 4일, 필라델피아에 모인 식민지 대표 13명은 미국의 독립 및 민족 자결주의를 선포하고 이틀 후 선언문에 서

명했다.

　일부 반대파는 여전히 영국 왕실에 충성했지만 다른 이들은 비밀리에 프랑스, 스페인, 네덜란드 공화국의 지원에 힘입어 빠르게 자주권을 회복하기 시작했다. 영국 해군의 뉴욕 상륙으로 전쟁은 교착 상태에 접어들었지만, 1777년 캐나다에서 출발한 영국군이 새러토가에서 대패하면서 프랑스는 미국의 독립을 공개적으로 지지하고 전쟁에 뛰어들게 되었다. 1781년, 버지니아주 요크타운에서 영국군이 또다시 대패하자, 미국과 유럽 동맹국이 최종 승리할 조짐이 보이기 시작했다. 그 후 2년간 전쟁이 계속되기는 했지만 1783년 파리 조약이 체결된 후, 미국은 완전히 독립을 인정받았다.

【 국가의 탄생 】

식민지 결속을 위해 전쟁 중 작성된 '미국 연합 규약'은 독립 이후 국가 통치에 필요한 난제를 해결하기에는 역부족이었다. 이를 수정하기 위해 1787년 필라델피아로 소집된, 훗날 미국 역사에서 '건국의 아버지'라고 불리게 된 각 주 대표들은 미국이 일명 '새하얀 도화지'에서부터 독립 국가로서 새롭게 시작하기를 원했다. 그 결과 1788년 비준된 이래 국가의 정치적, 법

「델라웨어강을 건너는 워싱턴」(독일 화가 에마누엘 로이체)

적 기틀이 된 미국 헌법이 탄생했다. 이듬해에는 미국 독립 전쟁 당시 독립혁명군 총사령관이었던 조지 워싱턴이 아메리카 합중국 초대 대통령으로 선출되었다.

【 명백한 운명론 】

식민지 지배에서 벗어난 미국은 서쪽으로 눈을 돌렸다. 1803년 토머스 제퍼슨 대통령은 자금난에 시달리던 나폴레옹으로부터 프랑스가 식민 지배하던 루이지애나 영토를 사들였다. 약 4,000m^{2}당 단돈 3센트에 매입한 이 땅으로 미국 영토는 두 배나 늘어났고 서쪽 국경은 로키산맥까지 확장했으며, 미시시피

강까지 접근할 수 있게 되었다. 이후 1800년대 중반까지, 일련의 전쟁과 협정을 통해 미국은 현재의 오리건, 워싱턴, 텍사스, 뉴멕시코, 애리조나, 캘리포니아, 유타, 콜로라도 지역까지 영토를 확장했다.

'명백한 운명'이라는 믿음 아래, 미국인들은 북미 대륙 전체로 영토를 확장하는 일이 하늘이 정해준 그들의 운명이라고 생각했다. 그러나 금광 개발업자나 카우보이 등 더 많은 사람이 서부로 모여들자 이 지역에 오랫동안 거주했던 원주민의 운명 또한 명백해졌다. 1800년대 내내 원주민은 부당한 토지 거래, 정부의 기만, 유혈 충돌 등에 희생되며 자신들의 땅을 빼앗겼다. 1830년에 제정된 '인디언 이주법'은 남동부의 원주민을 강제로 쫓아내 오클라호마주 '인디언 특별 보호구'로 이주시켰다. 당시 이주 과정에서 겪었던 원주민들의 고초는 '눈물의 길'이라는 이름으로 역사에 남았다.

이후 1862년 홈스테드법 제정과 함께 정부가 토지를 무상으로 제공하자 수많은 사람이 서부 지역으로 모여들었고, 이에 대평원에 살던 원주민 부족들과 충돌이 발생했다. 1862년부터 1876년까지, 새로운 농업 정착지를 보호하기 위해 투입된 군인 측과 샤이엔, 아라파호, 수 부족 등 원주민 측 사이에

· 아메리카 원주민 ·

유럽의 식민지 건설이 시작될 당시 450만 명으로 추산되던 아메리카 원주민 인구는 영토 전쟁, 질병, 보호구역 내의 폐쇄적인 삶 등을 겪으며 1920년, 35만 명까지 줄어들었다.

몇 차례 실수를 한 끝에 마침내 정부를 비롯해 할리우드와 사회 각계각층에서는 자신들이 미국에 정착하는 과정에서 행한 잘못을 인정하고 있다. 실업, 문맹, 빈곤은 여전히 아메리카 원주민의 과제로 남아있다. 하지만 2020년 인구조사에서 미국 인구 중 970만 명이 미국 본토 및 알래스카 원주민의 피를 이어받았다는 사실이 확인될 정도로 그들은 위대한 원주민 정신을 보여주었다. 원주민 대부분은 더는 보호구역에 살지 않으며, 자신들의 문화유산을 지키면서도 미국 사회에 독특한 공헌을 해 왔다. 2021년, 조 바이든 대통령이 원주민 출신 데브 할런드를 내무부 장관으로 임명하면서 원주민 최초로 미국 내각에서 직책을 맡은 인물이 탄생했다(흔히 아메리카 원주민을 '인디언'이라고도 부른다).

미국 남서부 혹은 그레이트플레인스 대평원에 걸쳐있는 평원 주를 여행하는 동안에는 카메라를 내려두고 원주민만의 독특한 문화와 생활 방식을 직접 보고 듣는다면 그들을 더 잘 이해할 수 있을 것이다.

전쟁이 일어났다. 당시 조지 암스트롱 커스터 중령이 지휘하는 부대가 몬태나주 리틀빅혼 전투에서 아메리카 원주민 수족에게 전멸당한 사건이 있었고, 이는 '최후의 저항'으로도 알려져 있다. 이후 추장 크레이지 호스를 기리는 거대한 조각상이 1948년 사

리틀빅혼 전투의 원주민 전사, 수족 추장 시팅 불

우스다코타주에서 건설되기 시작했지만, 지금까지 완공되지 못했다. 그는 원주민 부족의 저항과 아픔을 상징하는 인물로 여겨진다.

【 남북전쟁 】

노예제라는 '독특한 관습'은 1600년대 초, 미국으로 강제 이송된 아프리카인들이 가난한 백인과 원주민들을 대신해 '계약 노예'로 경매에 나오면서 시작되었다. 1619년에서 1865년 사이, 미국으로 들어온 노예 300만 명은 농업이 발달한 남부 지역의

담배, 사탕수수, 목화 농장에서 일했다.

노예제는 남부와 북부 사이에 이미 존재하던 정치적, 경제적 분열을 더욱 심화시켰다. 인구가 충분하므로 농장이나 제조 시설에 노예가 필요 없었던 북부는 1804년 노예제를 폐지했다. 1808년 이후 의회는 노예 수입을 금지했지만, 각 주에서는 오랜 기간 지속된 노예 거래 및 고용 관련 정책을 자율적으로 정할 수 있었다. 이어 서부 지역에서도 하나둘씩 북부의 정책에 동의하며 노예제를 폐지하는 '자유주'가 늘어나자 남부는 정치적, 경제적 판세가 자신들에게 불리해져 간다고 생각했다.

에이브러햄 링컨 대통령(1863년)

노예제도에 반대하는 북부는 자신들이 도덕적으로 우월하다고 주장했다. 남부는 노예 없이는 지역의 경제 및 사회 구조가 위태롭다고 반박했다. 노예제에 강력하게 반대한 에이브러햄 링컨이 1860년 대통령에 당선되자 남부는 연방에서 탈퇴하여 남부 연합을 결성했다.

이후 1861년에서 1865년까지 4년간 지속된 남북전쟁은 기울어진 싸움이었다. 산업이 발달한 북부는 병력, 통신, 군수 물자 생산 등 모든 면에서 우세했다. 주로 농업 지역이었던 남부는 훌륭한 군사 지도자와 강력한 전투의지를 가지고는 있었지만, 1864년 애틀랜타에서 북부의 윌리엄 테쿰세 셔먼 장군이 이끄는 부대에 함락된 후, 점차 전역이 초토화되기 시작했다. 마침내 1865년, 남부 연합군은 항복을 선언했고, 1866년 미국 전역에서 노예제는 공식적으로 폐지되었다. 남북전쟁은 짧은 미국 역사에서 60만 명이라는 사망자를 낸 비극적인 사건이었으며, 안타깝게도 링컨 대통령은 전쟁이 끝나기 전 암살당해 승리의 기쁨을 맛보지 못했다.

[산업화 시대]

타격을 받은 남부는 황폐해진 경제를 재건하고 새로운 사회 질서를 구축하기 위해 고군분투했다. 노예제는 공식적으로 폐지되었지만 해방된 노예와 그 후손들은 여전히 차별이나 인종 분리 문제 같은 어려움과 맞서야 했다.

북부의 사정은 매우 달랐다. 산업혁명을 겪으며 미국은 북부를 중심으로 경제 강국으로 성장했다. J. P. 모건, 존 D. 록

펠러, 앤드루 카네기 같은 새로운 재계 거물들이 등장해 금융, 석유, 철강 분야에서 엄청난 성공을 거두었다. 미국의 신흥 엘리트로 성장한 이들은 막대한 재산을 축적하고 부를 과시했다. 이들은 거대기업에 대한 독점금지법을 경계하면서도 자신을 단지 '신의 재산을 맡은 청지기'라고 말하며 기부 문화라는 미국의 전통을 확립하는 데 일조했다.

19세기 후반, 인구 구조에도 큰 변화가 일어났다. 영국, 아일랜드, 독일, 네덜란드에서 온 이민자뿐 아니라 중부 유럽 출신 사람들도 북동부 지역 공장에 모여들었고, 캘리포니아 금광에는 중국인들이 몰렸다.

교통 및 통신 기술의 혁명적인 발전은 미국 사회를 통합하는 한편 새로운 가능성도 열어주었다. 1869년 완공된 대륙 횡단 철도는 서부의 소고기와 밀을 동부로 실어 나른 후, 이주민과 공산품을 서부로 보냈다.

산업화와 함께 미국 도시들도 성장하기 시작했다. 건축가 루이스 설리번이 철골 구조를 적용해 설계한 건물들로 맨해튼의 상징인 초고층 빌딩 숲이 탄생했다.

【 고립주의의 종식 】

인구 증가와 함께 경제 강국으로 자리매김한 미국은 영향력을 해외로 확대하기 시작했다. 1867년 미국은 러시아로부터 알래스카를 매입했다. 1898년 스페인과의 전쟁에서 승리한 미국은 괌, 필리핀, 푸에르토리코를 차지하며 카리브해와 태평양까지 영향력을 확대하고, 쿠바에 대한 통치권을 획득하게 되었다. 이후 1898년 광활한 사탕수수 농장이 있는 하와이 왕국을 미국 연방에 합류시켰으며, 1914년 파나마 운하를 완공하여 영토를 더욱 확장했다.

상업적 팽창주의 행보를 고려해 보면 미국의 경제 정책은 '고립주의'와는 그 성격이 전혀 다르다. 그러나 타국의 군사 및 정치 문제와 관련한 미국의 대외전략은 오랫동안 1823년 제임스 먼로 대통령이 제안한 고립주의(유럽과 미국 간 상호 불간섭을 주요 내용으로 하는 외교 정책-옮긴이) 태도를 고수했다. 그러나 이는 1차 세계대전이 발발한 지 3년이 지난 1917년, 중립국 선박에 가해진 독일 잠수함의 공격에 우드로 윌슨 대통령이 독일에 선전포고 하고 전쟁에 참여하면서 끝이 났다. 연합군의 고갈된 병력을 보강하기 위해 적극적으로 참전한 미국 덕분에 1918년 11월, 독일은 패배를 인정했고 1차 세계대전은 연합군의 승리로 막을 내렸다.

【 대공황 】

1920년대, 경제 호황기를 맞이한 미국은 대량 생산과 대량 소비에 눈을 뜨기 시작했다. 헨리 포드가 처음으로 모델 T 자동차를 발표하자 미국인들은 한눈에 사랑에 빠졌다. 할리우드 영화 산업의 발달과 함께 '아메리칸드림'이라는 이미지는 전 세계로 수출되기 시작했다.

그러나 과도한 경제 성장은 무분별한 투기로 이어졌다. 1929년 10월 24일, 주식 시장이 폭락하고 미국은 순식간에 대공황 시대를 맞았다. 많은 사람이 사업에 실패하고 평생 일구어 놓은 재산을 잃었다. 농촌도 예외는 아니었다. 가뭄으로 농작물이 말라 죽고 농부들은 생계가 막막해졌다. 프랭클린 루스벨트 대통령의 뉴딜 정책으로 겨우 숨통이 트이기는 했지만 경제 회복 과정은 괴로울 정도로 더디게 이루어졌다.

【 2차 세계대전 】

1939년 9월 영국이 독일 나치 정권에 선전포고 하면서 미국의 고립주의는 다시 한번 시험대에 올랐다. 1941년 12월 7일,

· 대통령 가문 ·

FDR(Franklin Delano Roosevelt의 첫 글자를 따 만든 별명-옮긴이)로도 불리는 제 32대 프랭클린 루스벨트 대통령은 제26대 '테디' 루스벨트(시어도어 루스벨트-옮 긴이) 대통령의 12촌 동생으로, 둘은 먼 친척이었다. 흥미롭게도 프랭클린 루스 벨트 대통령의 부인 엘리너 루스벨트와 테디 루스벨트 대통령은 더 가까운 친 척 관계였다. 그녀는 테디 루스벨트 대통령의 조카로 결혼 전부터 이미 루스벨 트 가문 사람이었다.

제2대 존 애덤스와 제6대 존 퀸시 애덤스는 부자 관계이며, 제9대 윌리엄 해 리슨은 제23대 벤저민 해리슨의 조부이다. 제41대 조지 H. W. 부시와 제43대 조지 W. 부시 역시 부자 관계이다. 제42대 빌 클린턴 대통령과 영부인 힐러리 클린턴은 최초로 부부 대통령이 될 수도 있었다. 그러나 2016년 대선 당시, 힐 러리 클린턴은 일반 유권자 투표에서는 공화당 도널드 트럼프를 앞질렀지만, 선거인단 투표에서 패해 대통령이 되지는 못했다.

일본이 하와이 진주만을 공격하자 미국은 더는 고집을 부리지 못하고 하룻밤 사이에 2차 세계대전에 뛰어들게 되었다. 유럽 에서의 전쟁은 1945년 5월에 끝났지만, 태평양 지역에서는 8월

「죽음의 문턱으로」(미국 사진작가 로버트 F. 사전트)
나치가 점령한 프랑스 오마하 해변을 습격하는 미 연합국 병사들(1944년 6월)

미국이 일본 히로시마와 나가사키에 원자폭탄을 투하할 때까지 계속되었다. 미국은 일본 땅에 군대가 상륙했더라면 양국에 오히려 더 큰 손실이 초래되었을 것이라고 주장하며 원폭 투하에 정당성을 부여했다.

【 냉전 】

1947년 마셜 플랜(2차 세계대전 후 미국이 서유럽 동맹국을 중심으로 시행한 대규모 원조 계획-옮긴이)이 발표되고 1949년 나토가 창설되면서 미국의 고립주의 시대는 확실한 종말을 맞이하게 되었다.

미국은 민주주의를 추구하는 유럽 국가들의 재건과 방위를 위해 자금과 군대를 지원했다.

전쟁 후 동유럽에서 전체주의 정권이 급속히 확산하고 중국에서 공산주의가 정권을 장악하자 미국인들은 불안감에 빠졌다. 트루먼 대통령은 '공산주의 봉쇄 정책'의 정당성을 증명하기 위해 자국민들의 공포심을 조장하기 시작했다. 그는 조지프 매카시 상원의원에게 미국 땅에 거주하는 모든 '공산주의자'를 색출해 내라고 명령했다.

아시아에서 영향력을 확장하는 공산주의에 우려를 표한 미국은 한국(1950~1953년)과 베트남(1964~1975년)에서 벌어진 전쟁에 군사 개입을 감행했다. '초강대국'으로 자리매김하기 위한 미국과 소련의 경쟁은 원자폭탄 및 핵무기의 확산이라는 위험한 결과를 초래하기도 했다. 소련과 첨예하게 대립하던 시기인 1962년, 미국의 케네디 대통령은 쿠바 기지에서 핵미사일을 철수하라고 소련에 요구했다. 팽팽한 대치 끝에 러시아의 흐루쇼프 정권이 한발 물러서면서 핵전쟁이라는 위험은 피할 수 있었다. 그러나 이듬해, 국민의 큰 사랑을 받던 존 F. 케네디 대통령이 한 소련 지지자에 의해 젊은 나이에 암살당하자 미국은 커다란 충격과 슬픔에 휩싸였다.

【 격동의 60년대 】

1963년 케네디 대통령 사망 이후 텍사스주 댈러스를 방문한 신임 대통령 린든 B. 존슨은 민심에 힘입어 인종분리 정책을 완전히 종식하는 민권법을 과감하게 도입했다. 그러나 베트남전쟁에서 미국의 개입이 확대되자 미국은 분열했고, 지구 반대편에서 일어나는 공산주의의 물결을 막는다고 해서 5만 8,000명이나 되는 미국인의 목숨을 잃는 일이 정당화될 수 없다는 주장이 점점 더 힘을 얻기 시작했다. 커지는 압박 속에서 1973년 미국의 닉슨 대통령은 북베트남과 평화 조약을 체

기자회견 중인 흑인 해방 운동 지도자
마틴 루서 킹 목사(1964년 3월)

결했다. 국민의 냉담한 반응 속에 미군은 본국으로 돌아왔다. 이후 1982년이 되어서야 베트남전쟁에서 전사한 군인들을 기리기 위한 전쟁기념관이 수도인 워싱턴 D.C.에 세워질 정도로 상처는 더디게 아물었다.

계속되는 민권 운동의 물결 속에서 흑인 해방 운동가

마틴 루서 킹 목사와 또 다른 사회 운동가 로버트 케네디 상원의원이 같은 해인 1968년 암살당했다.

60년대를 상징하는 미국의 '반문화' 현상은 여성, 동성애자, 이민 노동자의 권리 향상에도 진전을 가져왔다. 격동의 60년대는 1969년 미국이 달 착륙에 성공하면서 흔치 않은 전 국민적 화합으로 마무리되었다.

【 워터게이트에서 모니카게이트까지 】

워터게이트 사건을 계기로 그간 외교 정책을 통해 쌓아 온 업적이 퇴색되자 닉슨 대통령은 1974년 스스로 대통령직에서 물러날 수밖에 없었다. 이후 이집트-이스라엘 평화 협정을 성공적으로 체결했지만, 에너지 위기 및 이란 주재 미국 대사관 인질 사건에서 부적절한 대처로 논란을 일으킨 지미 카터 대통령(1977~1981년)의 행정부 역시 침몰하고 말았다. 로널드 레이건 대통령(1981~1989년)은 두 번의 임기를 지내는 동안 보수주의에 입각한 사회적 의제 설정, 적극적인 해외 개입 정책, 적자로 이어진 감세 정책으로 눈길을 끌었다.

1990년대 초반 이라크가 쿠웨이트를 침공하자 조지 H. W. 부시 대통령(1989~1993년)은 '사막의 폭풍(1991년 걸프전 당시 미군을 중심으로 한 연합군의 바그다드 공습 작전명-옮긴이)' 작전과 함께 해외 군사 개입을 시작했다. 그러나 해외에서의 승전과는 달리 부시 대통령은 각종 국내 과제 해결을 앞세운 빌 클린턴 대통령 (1993~2001년)에 패하며 재선에 실패했다. 클린턴 대통령은 여러 성 추문 사건(백악관 인턴 모니카 르윈스키를 시작으로 다수의 스캔들이 폭로된 사건으로 '모니카게이트'라고도 불린다-옮긴이)에 휩싸여 탄핵 위기에 직면하기도 했으나, 미국의 경제 호황과 함께 두 번의 임기 내내 국민의 탄탄한 지지를 받았다.

【 9·11 테러 사건이 미친 영향 】

미국은 세계 유일의 초강대국 지위를 확보하며 21세기를 맞이했지만, 실체를 알 수 없는 새로운 적과 마주하게 되었다. 2001년 9월 11일, 뉴욕 세계무역센터와 워싱턴 D.C.의 펜타곤이 동시다발적인 테러 공격을 받으면서 미국에서 약 2,800명이 사망하는 참사가 발생했다. 조지 H. W. 부시 대통령의 아들인 조지 W. 부시 대통령(2001~2009년)은 아프가니스탄과 이라크에서 즉각 군사 행동을 취하며 반격에 나섰다. 해외에서 실시한 '테러와의 전쟁' 및 미국 내 9·11 대응 정책은 부시 대통령의 임기 내내 지속되며 긴장감을 고조시켰다. 2005년 허리케인 카트리나에 직격탄을 맞은 뉴올리언스는 부시 행정부의 재난 대비 정책이 실패했음을 보여주는 참사의 현장이 되었다.

2009년은 미국에 역사적으로 중요한 해이다. 민주당의 버락 오바마(2009~2017년)는 1920년대 이후 가장 심각한 경기 침체 및 정치적, 문화적으로 점점 더 양극화되어 가는 사회 분위기 속에서 미국 최초의 아프리카계 미국인 대통령으로 당선되었다. 그는 취임 첫해에 노벨 평화상을 수상하기도 했다! 첫 번째 임기 동안 그는 일명 '오바마케어'라고 불리는 대표 정책 '건강보험개혁법(전 국민의 건강 보험 가입을 의무화하는 법안-옮긴이)'을 추진하였고, 그 결과 약 2000만 명이 건강 보험의 혜택을 받을 수 있게 되었다. 재선 후에는 동성 간 결혼을 합법화하고 2015년 파리 협정(파리기후변화협약)을 체결하며 기후 변화에 대응하기 위해 노력했다. 그는 또한 54년간 적대적이었던 쿠바와의 외교 관계를 회복하기도 했다. 2011년에는 9·11 테러의 주동자이자 극단적 이슬람주의 알카에다의 창시자 오사마 빈라덴이 파키스탄 모처에 은신해 있던 중 미 해군 특수부대에 의해 사살되었다.

• '9·11'의 의미 •

뉴욕 맨해튼 시내 세계무역센터의 쌍둥이 빌딩과 미 국방부 청사 펜타곤이 끔찍한 테러범의 공격을 당한 날인 9월 11일을 9·11(미국에서는 9/11로 표기한다-옮긴이)이라고 부른다. 그 이유를 이해하려면 미국에 대해 두 가지 사실을 알아야 한다.

첫째, 미국인들은 날짜를 월-일-연 순으로 표기한다. 예를 들어 2001년 9월 11일은 9월 11일, 2001년으로 쓴다. 이를 숫자로 간단히 나타내면 9/11/01이 된다(일-월-연 순으로 표기하는 영국에서는 이 숫자가 2001년 11월 9일을 의미한다).

둘째, 미국의 응급 구조대 전화번호는 '911'이며 '나인-원-원'으로 읽는다. 숫자로 표기한 날짜(9/11)는 '나인-일레븐'으로 읽는다. 이 독특한 우연의 일치로 9·11은 미국인이라면 결코 잊을 수 없는 공포와 슬픔의 날을 상징하는 명칭이 되었다.

【 트럼프 시대 】

도널드 트럼프 대통령은 사업가이자 유명 인사였다. 정치나 군대와는 아무 관련이 없었던 그는 2017년 미국 대통령에 당선되었다. 그의 명성과 야망, 거침없고 타협하지 않는 태도는 90년대 이후 점차 민주당과 차별점을 드러내고자 하던 공화당

유권자와 의회의 환영을 받았다.

트럼프 대통령은 역사상 가장 큰 폭으로 법인세를 감면했고, 환경 규제를 완화하였으며, 연방 사법부를 개편했다. 취임 후 계속된 여러 집회에서 그는 남부 국경을 따라 장벽을 건설해 불법 이민을 원천 봉쇄하겠다고 밝혔다. 트럼프 대통령의 슬로건인 '미국을 다시 위대하게Make America Great Again'의 약자인 MAGA가 쓰여있는 야구모자는 지금도 곳곳에서 볼 수 있다. 그러나 나토 회원국을 향한 공개적인 비난 및 러시아와 북한의 독재 지도자에 대한 찬양 발언으로 미국과 전통적으로 동맹 관계에 있던 나라들과의 사이에 긴장이 고조되었다. 2019년 그에 대한 탄핵소추안이 발의되었으나, 공화당이 다수당이었던 상원에서 최종적으로 부결되었다.

【 국회 의사당 점거 폭동 】

보수층 지지자가 대거 투표에 참여한 덕분에 2020년 11월 대선에서 도널드 트럼프는 7400만 표 이상을 얻어 2008년 오바마가 세운 기록을 500만 표 가까이 앞질렀다. 하지만 민주당 후보였던 조 바이든의 8100만 표에는 미치지 못했다.

트럼프 대통령의 선거 결과 불복은 전례 없는 결과로 이어졌다. 바이든 대통령 당선인의 취임식을 2주 앞둔 2021년 1월 6일, 백악관 인근 집회의 연설에서 트럼프는 부정 선거를 외치는 사람들의 근거 없는 주장을 계속해서 인용했다. 이에 그를 지지하던 많은 사람이 펜실베이니아 애비뉴를 따라 800m가량 떨어진 미 국회 의사당으로 행진했다. 당시 국회 의사당에서는 상·하원 합동 회의에서 최종 선거인단 투표 결과가 집계되고 있었다. 약 2,500명에 달하는 트럼프 지지자들은 국회 의사당에 난입해 약탈과 기물 파손이라는 만행을 저질렀고, 이 과정에서 5명이 사망했다. 지지자 중 일부는 초현실적 주장을 신봉하는 극우 성향 음모론 집단의 상징인 '큐어논' 피켓을 들고 있었다. 사태가 수습되고 다음 날 새벽 3시 24분, 다시 소집된 의회에서 조 바이든 후보의 대선 승리가 확정되었다.

그 후 몇 달 동안, 집회에 가담한 수백 명이 형사 고발을 당했고, 트럼프는 임기 막바지에 두 번째 탄핵 절차에 들어가게 되었으나 공화당의 당론에 따라 다시 위기에서 벗어났다. 또한 그는 150여 년 만에 처음으로 후임 대통령의 취임식 참석을 거부한 대통령이 되었다.

【 조 바이든 행정부 】

상원의원으로 36년, 오바마 대통령의 부통령으로 8년의 세월을 보낸 조 바이든은 78세의 나이에 미국 역사상 최고령 대통령으로 당선되었다. 카멀라 해리스는 최초의 여성이자 최초의 아시아계 미국인, 최초의 아프리카계 미국인이라는 타이틀과 함께 부통령직을 맡게 되었다(카멀라 해리스 부통령의 어머니는 인도 출신이며, 아버지는 자메이카 출신이다).

　바이든 대통령은 파리기후변화협약 및 세계보건기구 탈퇴

취임 선서를 하는 조 바이든 대통령(2021년 1월)

를 선언했던 트럼프 행정부의 결정을 즉시 뒤집었다. 바이든 행정부는 일자리와 인프라 창출을 위한 대규모 경기 부양책을 발표했고, 트럼프 전 대통령이 추진한 남부 국경 장벽 건설을 중단했으며, 아프가니스탄에 마지막으로 남아있던 미군을 철수시켰다. 그러나 임기 초반, 미국인의 삶에 엄청난 타격을 입힌 코로나19 팬데믹과 러시아의 무자비한 우크라이나 침공으로 어려운 시기를 겪었다.

미국의 코로나19

공식적으로 기록된 미국의 첫 번째 코로나19 사례는 2019년 12월, 중국 우한에서 코로나바이러스가 처음 발견된 지 3주 만에 보고되었다. 2020년 1월 말, 트럼프 대통령은 '공중 보건 비상사태'를 선포하고 중국 출입국을 제한하는 조치를 발표했다.

2020년 2월, 미국에서 처음으로 코로나19 사망자가 발생했다. 트럼프 대통령은 줄곧 코로나19 팬데믹 사태가 곧 종식된다며 낙관적으로 전망했지만, 3월이 되자 바이러스가 급격히 확산하고 있다는 사실이 분명해졌고, 곧 위기 단계는 '국가 비상사태'로 격상되었다.

미국인들은 해외여행을 자제하고 모임의 규모를 제한하도록 권고받았고, 주 정부와 지역 당국은 마스크 착용을 의무화했으며, 등교 중지 및 외출 자제 정책인 '록다운lockdown'을 실시했다. 그러나 감염률과 사망자 수는 계속해서 증가했으며, 코로나19로 인한 사망률이 일반 독감보다 열 배나 더 높다는 연구 결과가 발표되었다. 5월 말이 되자 사망자 수는 10만 명에 육박했고, 병원의 중환자실은 북새통을 이루었다. 특히 인구가 밀집된 맨해튼에서는 초창기부터 감염자가 급증했다. 감염 환자가 넘쳐 나는 사태에 대비하기 위해 센트럴파크에는 야전병원이 들어섰으며, 미 전역에는 검사 센터가 설치되었다.

바이러스 확산을 막기 위한 전국적인 격리 정책의 시행은 불가피한 경제 위축을 초래했다. 재정난에 빠진 기업이 구조조정을 단행하자, 실업률은 역대 최고를 기록했다. 집 안에 머무르게 된 사람들에게 '줌 화상 회의'는 새로운 만남의 장으로 떠올랐다.

같은 해 8월 미국식품의약국FDA은 첫 코로나19 백신을 승인했고, 12월 국가 백신 접종 사업이 시작되었다. 당시 미국인

22명 중 1명꼴로 코로나19 바이러스 양성판정을 받았으며, 한 달 후에는 13명 중 1명으로 늘어났다.

바이든 대통령은 각종 구제 정책을 마련하기 위해 1조 9000억 달러를 즉각 투입하기로 하고, 2021년 1월 취임 후 첫 대국민 TV 연설을 통해 5월 1일까지 미국 내 모든 성인이 백신 접종을 받을 수 있도록 하겠다고 밝혔다. 이후 추가 접종 계획 또한 발표되었다. 한편, 2020년 12월 알파, 2021년 4월 델타, 2021년 11월 오미크론 등 바이러스 변종이 등장하면서 감염률은 증감을 반복했다. 이에 따라 각 주와 시에서는 마스크 착용 및 격리에 대한 지침을 수정하게 되었다.

흥미로운 점은 무료 백신의 보급에도 불구하고 2022년 4월 기준, 전체 미국인의 4분의 1은 여전히 백신을 접종하지 않았다는 사실이다. 왜 그럴까? 이는 아마도 미국인이 매우 독립적이고 때로 반권위적이며 지시를 받는 상황을 거부하기 때문일 가능성이 크다(이에 대해서는 2장에서 자세히 설명한다). 바이러스로 인한 사망률은 매우 감소했지만, 다른 선진국만큼 감소 속도가 빠르지는 못했던 것도 아마도 같은 이유일 것으로 추정된다.

미국으로 여행하기 전에는 최신 입국 조건 및 절차를 확인해야 한다. 백신 접종 여부 및 현재 바이러스에 감염되지 않았다는 증명서를 제출해야 할 가능성이 크다. 새로운 변종 바이러스가 등장하면, 신분과 국적에 따라 일시적으로 방문을 미루어야 할 수도 있다.

02

가치관과 사고방식

3억 3000만 명이 넘는 인구와 광대한 영토를 가진 미국을 단 하나의 특징으로 일반화하기는 불가능해 보인다. 그러나 초기 이주민들과 이후 계속해서 미국에 정착한 이민자들의 독특한 성격과 경험이 전형적인 미국인의 가치관을 형성한 것은 사실이다.

미국인에게 가장 중요한 것은 무엇일까? 일반적으로 극히 개인주의적이라고 알려진 미국인이기는 하지만, 3억 3000만 명이 넘는 인구와 광대한 영토를 가진 미국을 단 하나의 특징으로 일반화하기는 불가능해 보인다. 그러나 초기 이주민들과 이후 계속해서 미국에 정착한 이민자들의 독특한 성격과 경험이 전형적인 미국인의 가치관을 형성한 것은 사실이다.

미국인의 이념

정치사회학자 시모어 마틴 립셋은 저서 『미국 예외주의』에서 미국은 전 세계에서 유일하게 신념을 기반으로 세워진 나라라고 말했다. 출생과 국민성이 밀접하게 관련된 다른 사회와는 달리, 미국인이 된다는 것은 삶의 방식과 가치에 대한 이념적인 서약이자 의식적인 행위이다.

저마다 다른 배경과 동기를 지닌 채 미국으로 건너온 사람들은 같은 목표와 비슷한 신념으로 하나가 되었다. 이들은 중앙 집권 체제, 사회적 계급 구조, 종교적 억압을 거부했다. 이들에게 유토피아란 정부의 간섭 없이 자신들이 선택한 종교를 믿으며 자유로운 생활을 누릴 수 있는 국가였다. 이들은 도덕성과 근면성이 인류 및 사회의 발전을 끌어낸다고 믿었다. 또한 누구나 자신의 운명을 통제할 수 있는 자유를 가졌기 때문에 모든 사람에게는 성공할 기회가 공평하게 주어졌다고 생각했다(당시에 모든 사람이라면 모든 '백인 남성'을 의미했다).

식민지 미국의 초기 지도자들은 자유, 평등, 그리고 '행복추구'라는 기본 원칙을 따르며 이를 한층 보강하기도 했다. 이후 이러한 기본 원칙은 독립선언문 및 헌법이라는 형식을 통해 제도화되었으며, 여전히 미국의 공공 정책 및 국가적 가치의 기반을 형성한다.

기회의 평등

일찍부터 미국인은 새로운 사회를 능력주의 사회로 만들기로 했다. 독립선언문에 새겨진 "인간은 모두 평등하게 태어났다." 라는 문구는, 모든 사람은 종교나 배경과 관계없이 성공할 수 있는 동등한 기회를 얻어야 한다는 사실을 강조한다. 성공으로 가는 사다리의 발판은 임의로 가지고 태어나는 것이 아니라, 진취적이고 인내심 있는 태도를 통해 성취하는 것이다. 이러한 문구가 실제로 현실이 되기까지 상당한 시간과 노력이 필요했지만, 공식적으로 미국은 현재 성별, 인종, 종교, 출신 국가에 따른 모든 장벽을 없앴으며 성적 지향성에 관한 문제에서도 진전을 보이고 있다.

기회의 평등을 평등주의(미국의 또 다른 중요한 가치로 추후 다시 논의한다)와 혼동해서는 안 된다. 프랑스 정치학자 토크빌은 1835년 그의 저서 『미국의 민주주의』에서 미국이 모든 사람에게 동일한 조건을 부여하는 평등이 아닌, 기회의 평등을 강조한다는 사실을 처음 지적했다. 개인주의적 사고방식을 가진 미국인들은 능력, 노력, 성취에 대한 보상이 필요하다고 믿으며 사회적, 경제적 불평등을 해소하려는 정부의 개입을 경계한다. 미국은 유럽식 복지 시스템을 따르기보다는 '공평한 경쟁 환경 만들기'를 목표로 한다. 따라서 적어도 초기 단계에서만이라도 누구나 쉽게 이용할 수 있는 유연한 교육 시스템을 만들고, 교육을 통한 상향 이동을 장려한다.

개인주의

자신의 운명을 통제할 수 있는 권리는 미국인에게 소중한 가치이다. 개인의 권리와 자유는 철저하게 보장된다. 순종적인 일본인들은 "모난 돌이 정 맞는다."라고 말하지만, 미국인들은 "우는 아이 젖 준다."라고 응수한다. 미국에서는 자신의 의견을 솔직하게 밝히고 다른 사람들의 주목을 받을 때 원하는 것을 얻을 수 있다.

개인주의자가 모인 국가에서는 어떻게 팀플레이를 할 수 있을까? 미국인이 생각하는 '그룹'이나 '팀'의 의미는 집단주의 문화에서 의미하는 것과는 다르다. 팀의 목표에 충실하게 최선을 다하면서도, 자신의 재능을 발휘하고 개인적 목표를 달성하기 위해 팀을 활용하기도 한다. 회의실에서 개인 사물함에 이르기까지, 구성원은 팀에 대한 기여도에 따라 각기 다른 보상을 받기를 기대하며, 당연히 가장 큰 역할을 한 구성원의 몫이 가장 커야 한다고 믿는다. 팀의 일원이 되는 일은 즐거운 경험이며, 함께 일할 때 더 큰 성과를 낼 수 있다. 그러나 결국에는 '자신이 가장 중요'하며 팀의 목표와 자신의 목표가 더는 일치하지 않는다고 생각되면 '아무 미련 없이' 팀을 떠난다.

미국인들은 자발적으로 각 지역의 사교 및 단체 활동에 참여하는 일을 즐긴다. 교회의 봉사활동이나 지역사회의 자선 활동에 자부심을 느끼며 후원하는 미국인들은 복지를 강화하기 위해 세금을 사용하는 정부의 정책에 격렬히 반대할 것이다. 정부가 빈곤층을 위해 너무 많은 지출을 하고 있다고 믿는 보수주의자들은 코로나19 팬데믹 동안 저소득층을 지원하기 위해 사용된 구제 기금은 그저 어쩔 수 없는 예외 사항이라고 여겼다.

자립심

미국인들의 개인주의적 성향은 초창기 이주민들이 견디어 내야 했던 고난 및 외로움과 더불어 자립심, 그리고 '할 수 있다'라는 정신을 미국인에게 중요한 가치로 만들어 주었다. 미국은 세 번의 시험을 통과한 개척자의 후손으로 이루어진 나라이다. 이들은 용기 있게 고향 유럽을 떠났고, 거친 바다를 헤치며 항해에서 살아남았으며, 새로운 삶을 찾아 도착한 '길들지 않은' 낯선 땅을 개척했다. 이처럼 미국인의 유전자에는 회복

탄력성이 내재해 있다.

"하늘은 스스로 돕는 자를 돕는다."라는 말은 초창기 미국인의 근면성에 커다란 영향을 끼쳤다. 이는 현대에 이르러 어려운 일에 스스로 해결책을 모색하는 '자립심'을 중요시하는 사고방식으로 발전했다. 훌륭한 미국 부모는 자녀들이 성인기를 준비할 수 있도록 모든 기회를 제공하면서 이러한 가치를 심어준다. 부모는 자녀들이 세상 밖에서 스스로 삶을 개척해나가도록 한다. 각 지역사회의 노인들도 대부분 자립적인 삶을 선호한다. 노인들은 가족에게 의존하기보다는 실버타운이나 양로원에서 살기를 원한다. 같은 맥락에서 신체적, 정신적 장애가 있는 사람들에게는 독립적인 삶을 꾸리며 최대한 잠재력을 발휘할 수 있는 실질적인 지원이 제공된다.

'할 수 있다' 정신

"미국인은 할 수만 있다면 달도 일하게 할 것이다."

미국 시인 랠프 월도 에머슨(1846년)

미국에 정착한, 근면하고 모험심 있는 사람들은 끊임없는 변화는 선택이 아닌 의무이며, 발전은 그 보상이라고 믿었다. 이러한 사고방식은 '틀에 박힌 사고'에서 벗어나 '한계에 도전'하는 '진취적인 사람'이 보상을 받는 미래 지향적인 미국 문화를 형성했다. 비전과 에너지, 인내심이 있다면 무슨 일이든 이룰 수 있다는 것이다. 이러한 신념이 인간을 달에 착륙시키고, 세계 최다 노벨상 수상자를 보유한 나라를 만들었다(미국의 노벨상 수상자 수는 세계 1위로, 2위 국가보다 세 배나 더 많다). 새로운 기기나 제품이 출시되면 미국인이 자동으로 열광하며 환영하는 이유도 바로 이 때문이다. 미국인에게 새로운 것은, 발전된 것이라는 의미이다.

운명론을 믿는 문화에서는, 불운은 피할 수 없으며 인생은 변덕스러운 운의 결정에 따라 정해진다고 생각한다. 미국인에게 이는 미신이나 다름없는 허튼소리에 불과하다. 어떤 일에 수동적으로 반응하기보다는, 능동적으로 대처하며 통제하고 싶어 하는 미국인은 삶의 모든 측면을 예측하고, 진단하며, 통제하는 기술을 완성했다.

통제권을 쥐기 위해서는 자연을 자신의 편으로 만들어야 유리할 것이다. 일부 문화에서는 자연과 조화를 이루며 살아

간다. 그러나 미국인들은 자연과 맞서 싸우며, 목표를 이루기 위해 자연의 힘을 이용한다. 바람, 태양, 파도는 귀중한 에너지 자원으로 사용된다. 최신식 냉난방 시스템으로 알래스카주와 플로리다주에 사는 사람들도 1년 내내 쾌적한 실내 온도를 유지할 수 있다.

통제해야 한다는 생각은 시간의 영역까지 이어진다. 미국인에게 시간은 돈이다. 따라서 쓸데없이 시간을 낭비해서는 안 되며 현명하게 사용해야 한다. 변호사는 분 단위로 수임료를 받고, 지역 TV 뉴스 채널은 단 1분 만에 최신 세계정세에 관한 뉴스를 보도할 수 있다고 자랑한다. '시간 내에 끝내기'는 단순히 기한을 엄수한다는 의미라기보다는 시간을 효율적으로 활용한다는 의미에 더 가깝다. 스마트폰으로 수십 개나 되는 캘린더 앱을 사용할 수 있고, 좋은 생각이 떠오를 때는 바로 트위터에 글을 남기거나 문자를 보낼 수 있다. 어디에나 인터넷 핫스폿이 존재하기 때문에 '다운타임'은 핑계가 될 수 없다. "일을 끝내고 싶으면, 바쁜 사람에게 맡겨라."라는 말에서 알 수 있듯이, 바쁜 사람은 시간을 낭비하지 않고 더 잘 관리하며, 더 많은 일을 할 수 있다.

미래에 대한 확고한 낙관주의와 신념은 행동뿐 아니라 자신감 있는 태도와 명랑한 어조에서도 드러난다. 미국인은 오늘도 좋지만, 내일은 더 나아질 것이라고 믿는다.

시민의 소리

식민지 시기, 각 지역사회의 현안에 대해 시민들이 모여 이야기를 나누면서 여론이 형성되기 시작했다. 식민지 당국의 하향식 통치 방식에 대한 반감은 미국인들이 상향식 정부 시스템, 즉 에이브러햄 링컨이 말한 '국민의, 국민에 의한 정부'를 만들어 내는 원동력이 되었다.

오늘날 미국에서는 다른 어떤 나라보다 선거와 투표가 더 자주 시행되며, 많은 공직이 선거로 선출된다. 〈이코노미스트〉는 미국에서는 4년 주기마다 약 100만 명이 새로 선출된다고 추정했다. 미국인들은 시의회 회의실에 의견을 전달하고, 주민 총회인 '타운 미팅'에서 지역을 위한 제안을 하며, 지역 학교 교육 위원회에 참가하고, 대의를 수용하는 등 시민으로서 정치활동에 참여한다.

평등주의

'모든 인간은 평등하게 태어난다'는 믿음에 따라, 미국인의 사회적 관계는 누구나 동등하게 대하며 격식에 얽매이지 않는 태도를 기반으로 이루어진다. 초창기 미국의 평등주의를 보여주는 사례로 1789년 의회는 제1대 조지 워싱턴 대통령을 단순히 '대통령'에 남성에 대한 존칭을 붙여 '미스터 프레지던트'로 부르기로 했다. 테슬라의 CEO인 일론 머스크는 '일론'으로, 노스롭그루먼의 CEO인 캐시 워든은 '캐시'로 불리며, 텔레마케터도 고객들과 서로 이름을 부르며 대화한다.

미국은 계급이 없는 사회일까? 그렇기도 하고 아니기도 하다. 사회 계층은 분명히 존재하지만, 이는 계급과는 전혀 다른 개념이다. 유럽 전통 사회에서 계급이란 태어날 때부터 정해지는 신분을 의미한다. 미국의 계층은 개인의 노력과 성취로 얻은 지위를 의미한다. 따라서 사회적 위치는 말투나 소속, 지역에 의해 식별되는 것이 아니라, 부와 권력으로 나타날 수 있다. 미국인에게 이러한 요소들이 사회적 지위와 성공의 상징이다. 또한 권위에 복종하는 경우가 적고, 지위에 따른 특권 역시 마찬가지다.

최근 몇 년 동안 자신을 '중산층'이라고 여기는 미국인의 수는 줄어들었지만, 경제적 성공과 함께 자신을 상류층이라고 생각하는 사람들은 늘어났다. 정치적 분류로 '중산층'은 일반적으로 의사, 변호사, 건축업자, 바리스타 등 다른 나라에서는 '노동계급'이라고 간주하는 직업에 종사하며 가족의 행복을 위해 열심히 일하면서 미국이 중시하는 가치를 지지하는 사람들을 의미한다.

노동관

> "노동: 1. 우리를 곤경에서 벗어나게 하는 것
> 2. 악을 멀리하기 위한 하나님의 계획"
>
> 『로이크로프트 사전』(1923년)

개신교는 초기 이주민들에게 분명하고 확고한 노동관을 심어주었다. 그들은 열심히 일하면 영적으로 충만하고 도덕적인 삶을 누릴 수 있으며, 이후 물질적 보상이라는 형태로 하나님의 축복을 받을 수 있다고 생각했다. 역대 대통령은 아니지만, 미국 건국의 아버지라고 불리는 벤저민 프랭클린은 1736년 『가난한 리처드의 연감』에 미국인의 노동관에 관해 언급했다. 그는 "일찍 자고 일찍 일어나는 사람은 건강, 부, 그리고 지혜를 얻을 수 있다." "시간은 금이다." 등 지금까지 인용되는 명언들을 남겼다. 오늘날 미국인은 유럽인과 비교해 평균적으로 연간 300시간 정도를 더 일하며, 점심시간은 더 짧고 휴가는 훨씬 더 적다.

'살기 위해 일하는 문화' 즉, 일이 삶의 수단이자 생활의 일부에 불과한 사회와는 다르게, 많은 미국인에게 일은 자신의 정체성과 가치를 정의하는 데 중요한 역할을 한다. 쳇바퀴처럼 돌아가는 끝없는 일에서 벗어날 여유가 있는 사람들조차 그렇게 하지 않는 경우가 많다.

노예로 일해야만 했던 아메리카 원주민과 흑인들을 제외하고는 미국이라는 풍요의 땅에서 성공하기 위해 다른 사람의 희생이 필요하지는 않았다. 물론, 특권을 가지고 태어나 처음부터 사회적 우위를 점하는 사람들도 있지만, 적어도 이론상으로는 사회적 계층 이동이 자유로운 미국에서는 누구나 백만장자가 되거나 하버드대학교에 갈 수 있다. 실제로 미국인은 보잘것없는 환경에서 시작해 역경을 극복하고 성공한 사람들을 존경한다. 또한 '노력의 결실'을 만끽하는 행동이 부끄럽다고 생각하지 않기 때문에 엄청난 부자를 적대시하기보다는 대체로 부러워한다. 그러나 최근에는, 억만장자와 평범한 소시민간의 소득 격차가 갈수록 심화하는 현상은 바람직하지 않다고 생각하는 사회 분위기가 형성되고 있다.

보수주의 및 도덕성

미국인의 3분의 1 이상이 자신을 '보수적'이라고 생각한다. 이들은 세금 감면 및 강력한 군대 유지를 위한 비용을 제외하고는 정부의 지출과 개입을 제한하는 정책을 주장하는 공화당을 지지한다. 대다수 미국 우파에게 로널드 레이건 대통령 시대는 현대 정치의 황금기였다. 그러나 극우파 일부에게는 도널드 트럼프 대통령 시기가 그러했다.

미국에서 보수주의는 단순한 정치적 관점 이상이다. 미국의 보수주의는 지지자들의 사회적, 문화적, 종교적 삶 전체를 아우르는 독특한 의미를 지닌다. 자립심과 개인주의를 중시하는 미국의 근본적인 가치는 전통과 법을 중요시하는 이념과 결합한다. 청교도적 가치관과 세속주의에 대한 의심, 그리고 하나님의 역할에 의문을 제기하는 과학, 복음주의 개신교 교회의 성경 중심적인 도덕적 가르침은 이를 견고하게 만든다.

미국인은 도덕성을 절대적인 기준으로 보는 경향이 있다. 유럽에서는 낙태와 동성애자의 권리에 관한 문제가 정치적 이슈로 여겨지지만, 미국에서는 도덕적, 윤리적인 문제로 여겨진다. 이는 미국을 점점 더 양극화시키며, 감정적인 논쟁을 유발하고 있다.

보수주의가 우세한 '빨간색 주'는 주로 미국 중부에 모여있다. 자유주의가 우세하다고 알려진 뉴욕이나 캘리포니아 같은 대도시 출신 미국인만 겪어본 방문객들은 자신들이 미국의 사회적, 정치적 배경을 모두 경험했다고 생각해서는 안 된다.

이 모든 것들이 외국인 방문객에게는 어떤 의미일까? '도덕적' 이슈에 관해서는 주마다 다양한 관점이 존재한다. 총기 규제에 훨씬 관대하며 지구 온난화를 중대한 세계적 위기라고 확신하는 유럽인들에게는 놀라울 정도로 시대에 뒤떨어진 것처럼 보이겠지만, 이러한 문제들에 관한 미국의 국민적 합의는 계속해서 변하고 있다.

기부 문화

1960년 대통령으로 당선된 존 F. 케네디는 취임 연설에서 "국가가 여러분에게 무엇을 해줄 수 있는지 묻지 말고, 여러분이 국가를 위해 무엇을 할 수 있는지 물어보라."라고 말했다. 가치 있는 일을 위해 기부되는 미국인의 시간과 돈은 다른 어떤 나라보다 많다. 미국 성인 4명 중 1명은 정기적으로 자원봉사를 한다. 남을 위해 베풀기 좋아하는 관대한 태도는 '할 수 있다'라는 미국의 정신과 결합하여 코로나19로 많은 사람이 경제적 어려움을 겪었던 2020년, 개인과 기업이 한 해에만 4710억 달

조지아주에서 열린 음식 나눔 행사에 참여한 자원봉사자들(2020년 12월)

러에 달하는 '자선 기부금'을 조성하는 결과를 낳았다(자선 기부금은 빈곤층을 지원하는 단체뿐 아니라 문화, 교육, 종교, 의료 분야를 담당하는 비영리 기관을 위한 비과세 기부금을 의미한다).

최초의 자원봉사 단체는 다른 나라에서는 일반적으로 정부가 주도하는 사회복지 프로그램을 시행한 종교 단체였다. 오늘날에는 각계각층의 사람들이 개인적으로 기부하거나 직장, 학교, 지역사회 등 단체를 통해 자선 행사를 조직한다. 주말마다 수천 명이 모여 기아 퇴치를 위해 달리기를 하거나 지역 교회에 새 지붕을 설치하는 기금을 마련하기 위해 걷는다. 바쁜 미국인들이 어려운 이웃을 돕기 위해 시간을 기부한다는 사실은 흥미롭다. 미국의 많은 젊은이가 케네디 대통령이 만든 평화봉사단에 소속되어 세계 60여 개국에서 봉사활동을 하고 있다. 미국 지역사회 봉사 단체인 아메리코도 있다.

미국인이 남을 위해 베풀게 만드는 동기는 무엇일까? 미국인은 자신들의 능력과 에너지를 지역사회에 '환원'하면서 변화를 만들어 내며, 그 대가로 신체적, 도덕적, 경제적으로 가치 있는 일을 한다. 사회는 정부의 경제적 도움에 의존하지 않고 자립한다. 모두에게 이득이 되는 일인 것이다.

다양성

미국인들은 "다양성에는 강점이 있다."라고 자랑스럽게 말한다. 하지만 약점도 있다. 사회적 의식 수준의 향상 및 법률 제정으로 인종, 민족, 신념, 성별, 성적 지향 혹은 장애 여부와 관계없이 평등에 대한 인식이 높아졌다. 적어도 공식적으로는 그렇다. 그러나 다양한 문화적 배경에 대한 자부심이 강한 이민자 국가에서는 통합으로 가는 과정이 쉽지만은 않다. 소수자를 존중하는 용어의 사용, 다국어 표지판 및 서비스의 확대, 다양성을 존중하고 편견에 신속하게 대응하기 시작하는 기업 문화의 확산을 통해 사회적 태도의 변화를 알 수 있다.

기업이나 교육 기관이 소수 집단 선발에 일정 비율을 할당하는 우대 정책은 사회적 불균형을 바로잡기 위해 실시되었다. 그러나 일부에서는 이것이 '역차별'을 만들어 낸다고 말하며 인종 중립적인 대안이 필요하다고 주장한다. 기회의 평등이라는 이상은 사회경제적 불평등 및 고질적인 차별이라는 현실과 계속해서 서로 부딪치고 있다. 여전히 흑인 운전자가 경찰의 검문을 받을 확률은 백인 운전자에 비해 20%나 더 높고, 수색을 당할 확률 역시 거의 두 배 더 높다. '흑인의 생명도 소중하다(과잉 진압으로 흑인을 숨지게 한 백인 방범 요원이 무죄 판결을 받으면서 시작된 흑인 민권 운동-옮긴이)'와 같은 사회 운동은 조지 플로이드 사건처럼 불공정한 일이 발생했을 때 이에 항의하기 위해 일어난다. 2020년, 미네소타주 미니애폴리스 경찰의 과잉 진압으로 흑인 남성 조지 플로이드가 사망한 사건은 인종차별에 관한 문제를 표면화했고, 오늘날까지 미국 사회에 광범위하게 이어지는 사회적 자성의 계기가 되었다.

애국심

독립혁명 이후 미국인에게는 오랫동안 공유한 역사도, 영국과 싸우던 때처럼 결집할 수 있는 공통된 대의명분도 없었다. 미국인이라는 정체성과 '모두가 하나'라는 단결성이 필요한 시점이었다. 이에 미 헌법과 성조기는 애국심을 나타내는 가장 강력한 상징이 되었다.

성조기는 미국 어디에서나 관광객의 눈에 띈다. 관공서 외부뿐 아니라 일반 가정집 마당에도 성조기가 있다. 미국의 국가는 1812년 영국군이 볼티모어의 맥헨리 요새를 포격했을

메모리얼 데이 기념식에서 경례하는 참전 용사들

때 굴하지 않고 버텼던 미국 수비대 곁에서 밤새도록 굳건히 펄럭인 성조기에 관해 이야기한다. 지금도 워싱턴 D.C.의 미국 역사박물관에서는 당시의 상황을 재현하고 있으며, 이는 미국 인 정신의 힘을 상징한다. 학교에서는 국기에 대해 맹세를 하며, 미국 국가가 울려 퍼지면 많은 사람이 일어나 가슴에 손을 얹는다.

자국에 대한 자부심과 애국심을 거침없이 드러내는 미국인에게 방문객은 어떻게 반응해야 할까? 그저 자연스럽게, 비꼬지 말고, 때로는 하고 싶은 말을 참기 위해 혀를 깨물어야 할지라도 미국인의 뿌리 깊은 자부심을 형성한 역사적, 문화적 힘에 공감하는 모습을 보이면 된다. 동시에 미국인이 외국의 관습과 문화에 대해 거의 모른다고 해서 기분 나빠 할 필요는 없다. 미국인들은 예의 바른 태도로 배우고자 하는 의지를 보이면서 미국 밖 세계에 대한 자신들의 무지함을 보완하려 할 것이다.

【 우리는 자랑스러운 미국인이다 】

미국인에게 성조기는 단순한 깃발 이상의 의미가 있다. 다른 나라의 국기는 왕이나 고대의 전통을 나타내는 경우가 많지만, 미국인에게 '올드 글로리(성조기의 애칭-옮긴이)'는 애국심을 중요하게 생각하는 미국의 가장 강력한 상징물이다. 일반 가정집 마당의 게양대에서 펄럭이는 성조기를 수없이 보더라도 놀랄 필요는 없다.

성조기는 미국의 핵심이자 학생들이 매일 맹세하는 서약의 대상이기도 하다. 성조기의 줄무늬는 13개 초기 식민지를 나타내며, 별은 50개 주를 나타낸다(1777년 최초로 디자인이 완성된 후 스물여섯 번의 수정이 있었다). 성조기를 전시하고, 접고, 심지어 폐기할 때도 엄격한 규칙을 따라야 한다.

03

풍습과 전통

주로 개신교나 천주교를 믿는 국가에서 온 사람들은 크리스마스 즈음에 미국인들이 구체적으로 크리스마스를 언급하는 인사말 대신 대부분 "즐거운 휴일 보내세요."라고 말하는 모습을 보고 의아해할 수 있다. '정치적 올바름'이라는 개념이 등장하기 훨씬 전인 건국 초기부터 미국인들은 다양한 종교, 인종, 민족이 기념하는 각기 다른 휴일을 존중해 왔다.

정치와 종교의 분리

미국에서는 오스카상 수상 배우뿐 아니라 시상식에 참석한 컨트리 음악 가수나 힙합 뮤지션도 종종 수상 소감을 밝히면서 하나님에게 감사를 표하는 모습을 볼 수 있다. 미국인의 충만하고 깊이 있는 영적 생활은 외국인에게 낯설게 느껴진다. 미국 문화의 여러 다른 측면과 마찬가지로 종교에도 미국에 정착하면서 변형된 유럽 문화적 요소, 놀라운 다양성, 그리고 모순과 역설이 존재한다.

신생 국가의 첫 번째 과제로 미국은 "의회는 특정 종교를 국교로 정할 수 없으며, 개인의 자유로운 종교활동을 방해하는 어떠한 법률도 제정할 수 없다."라며 정치와 종교의 분리를 공식적으로 선포했다. 정교분리를 명시한 이 수정헌법 제1조는 정부가 공식적으로 지지하는 종교는 없다는 사실을 명확하게 밝혔다. 미국인은 자유롭게 자신이 선택한 종교적 신념을 지킬 수 있다.

실제로, 대법원에서는 무엇이 종교에 대한 정부의 개입인지, 혹은 그 반대의 경우인지를 판단하기 위해 지속적인 노력을 기울이고 있다. 그러나 틀림없는 한 가지 모순점은 미국의 공립학교에서는 학생들에게 기도하도록 강요할 수 없지만, 학생들은 매일 "하나님 아래 하나의 국가"라는 구절이 포함된 '국기에 대한 맹세'를 한다는 사실이다("하나님 아래"라는 구절은 1954년, 미국에 반공산주의 열풍이 불 때 추가된 것이기는 하다). 마찬가지로, 정부가 특정 종교를 공식적으로 지지할 수는 없지만, 의회에서는 기도와 함께 새로운 회기를 시작하며, 대통령의 연설은 "하나님의 축복이 미국에 있기를"이라는 구절로 마무리된다. 1956년 채택된 미국의 국가 표어는 "우리는 하나님을 믿는다."이다. 이는 시민의 의무가 개인의 양심과 대립하는, 즉 미국인이 소중하게 여기는 가치가 다른 가치에 위배되는 모순적 특징을 보여준다.

【종교】

한 조사에서 미국인의 72%가 종교를 가지고 있다고 응답했지만, 이 중 20%만이 자신의 삶에서 신앙이 가장 중요하다고 말했으며, 28%만이 정기적으로 종교 예배에 참석한다고 말했다. 미국인에게 종교는 언제나 자발적으로 참여하는 영역이었으며, 사람들은 개인적 선택과 양심에 따라 신앙을 실천한다. 미국에는 뿌리 깊은 근본주의와 종교적 다양성이 존재하며, 미국인은 약 200개나 되는 종파 중에서 스스로 종교를 선택할 수 있다. 미국 성인 중 약 50%는 살면서 자신이 속한 교단을 바꾸며, 28%는 성장하는 동안 믿었던 종교를 떠나 개종을 하거나 무교가 된다.

2020년, 미국 전체 인구의 46.6%는 개신교를 믿는다고 말했다. 그러나 개신교에는 매우 다양한 교파가 존재한다는 점에 주목할 필요가 있다. 개신교의 한쪽 극단에는 영국 국교인 성공회 및 엄격한 루터교가 있고, 다른 쪽 극단으로는 활기찬 복음을 노래하는 남침례교가 있다. 많은 '복음주의' 교인들은 1950년대 번영 신학을 신봉했는데, 이는 '하나님은 우리가 부유해지기를 원한다'라는 미국의 보수주의 가치관과 딱 맞아떨어지는 신념이다. 대형 교회의 교인은 수천 명이 넘는다. 목사 중에는 대중 매체를 통해 설교하거나 'TV 전도'를 통해 신도에게 헌금을 요청하는 목사도 있다. 종종 불미스러운 사건이 불거지기도 하지만 여전히 활발히 이루어지고 있는 전도 방식이며, TV 전도에서는 종교와 정치의 경계가 모호해지는 경우가 많다.

천주교를 믿는 미국인은 전체 인구의 20.8%를 차지하며, 여전히 단일 교단으로서는 가장 규모가 크다. 많은 천주교 가정에서는 학업 및 규율 관련 기준은 엄격하지만 종교 예배의 자유는 보장하는 천주교 교구 학교에 자녀들을 보낸다.

대략 전체 인구의 약 2%를 차지하는 760만 유대인들은 대부분 정통파, 보수파, 개혁파 중 한 종파에 속해있으며, 이 중 정통파는 식단, 생활 방식, 종교적 예법이 가장 엄격하고, 개혁파는 가장 자유롭다. 많은 유대인 어린이들은 공립학교에 다니면서 별도의 유대교 학교에서 종교 교육을 받는다. 유대인이라는 뿌리 깊은 민족 정체성과 공동체 의식을 지니고 있으면서도 종교를 갖지 않는 사람들 또한 많다.

미국 내 이슬람 신자는 약 385만 명으로, 이는 전체 인구의 약 1.2%를 차지한다. 2001년 9·11 테러로 미국 내 극단주의자에 대한 공포가 커지면서 이슬람 신자에 대한 차별이 증가했으며, 트럼프 대통령 재임 기간 최고조에 달했다. 그러나 이들 대부분은 미국 사회와 잘 융화했으며, 최근 몇 년 동안에는 공공 및 정치 분야 참여도 증가했다.

뒤를 이어 불교와 힌두교가 각각 전체 인구의 약 1%를 차지한다.

관용적이고 회복적인 미국의 사회적 분위기는 초기 이주민들 사이에 예수 그리스도 후기 성도 교회(모르몬교), 제칠일 안

식일 예수 재림 교회, 여호와의 증인 등과 같은 새로운 종교가 성장하는 결과로 이어졌다. 비록 많은 미국인이 이러한 종교가 정식 '기독교' 교파로 인정받을 수 있는지에 의문을 제기하지만, 2012년 미국 대선에서 공화당 후보로 도전했다가 실패한 모르몬교도 밋 롬니가 종교 문제로 이슈의 쟁점이 된 적은 없었다.

한 가지 일반화할 수 있는 사실은 다양한 종교를 가진 미국인들은 교회가 지역사회를 건설하고, 사회 문제를 해결하기 위해 노력하며, 소외 계층을 돕는 일에 중요한 역할을 할 책임이 있다고 믿는다는 점이다. 종교 단체의 자원봉사자들은 배고픈 사람을 위해 음식을 나누어 주고, 노숙자들에게 쉼터를 제공하며, 도움이 필요한 어린이와 노인을 보살핀다.

펜실베이니아주의 아미시파(현대 문명을 거부하는 교파-옮긴이)와 메노파(엄격한 집단 규율을 지키며 은둔하는 교파-옮긴이), 그리고 뉴욕의 하시드파(유대교 중 가장 보수적이고 배타적이라고 알려진 교파-옮긴이) 등 일부 엄격한 종교 분파들은 독특한 복장으로 구분할 수 있을 정도로 동질적이며 응집력이 남다른 집단을 형성하고 있다. 그러나 대체로 외모나 생활 양식만으로는 속한 분파가 무엇이며 어느 정도로 교리가 엄격한지 파악하기는 어렵다. 주의

할 점은, 미국인들은 자신들의 신앙에 관해 이야기하는 것을 불편해할 수 있으므로, 새롭게 알게 된 사람과 대화할 때는 종교에 관한 이야기는 피해야 한다는 점이다.

【 종교혼합주의 】

다양한 문화가 공존하는 미국은 이민자들의 문화적 전통을 받아들이고 화합하는 일에 능숙했다. 그 결과 요리, 음악, 심지어 영적 생활에서도 매력적인 융합이 이루어졌다. 영적 성취를 향한 추구는 운명에 대한 통제, 자아실현을 위한 노력, 재창조를 위한 역량 강화라는 미국인의 이상과 분리될 수 없는 가치이다.

많은 미국인이 더는 하나의 신만을 믿지 않는다. 미국인들은 전통적인 신념 체계, 동양 철학, 뉴에이지 사상에서 나아가 각자의 생활 방식에 따라 영적 생활을 충만하게 만들기 위해 '선택과 혼합'하는 방식을 택한다. 의학뿐 아니라 운동과 식생활에서도 과거에는 '대안적 문화'로 여겨졌던 것들이 이제는 주류를 형성하고 있다.

출생, 결혼, 사망

출생과 결혼, 사망과 관련한 의식은 개인의 종교적 신념에 따라 다양하다. 서로 다른 종교를 가진 사람들 간의 결혼은 이제 흔한 일이며, 목사나 랍비가 공동으로 주례를 맡거나 자격을 갖춘 '전문 주례사'가 맡는 일도 드물지 않다. 결혼식의 형식은 개인의 취향과 예산에 따라 다양하다. 미국에서 결혼식은 뒷마당을 비롯해 어디에서나 열릴 수 있다. 캘리포니아 해변에서 뉴에이지 스타일로 맨발 결혼식을 할 수도 있고, 시카고에서 격식을 갖춘 그리스 정교회 스타일 결혼식을 할 수도 있으며, 뉴욕의 호텔에서 유명 디자이너가 만든 드레스를 입고 호화로운 결혼식을 할 수도 있다. 대부분 주에서, 주례는 공인된 성직자 혹은 치안판사 같은 지역 법관이 맡지만, 일부 주에서는 일반인에게도 주례 자격을 부여할 수 있다.

대체로 결혼식은 음악과 춤으로 가득 채워지며, 교회나 피로연장으로 들어가는 화려한 입구부터 양측 들러리를 위한 댄스 음악이 흐른다. 신랑, 신부의 가족들도 하객들의 관심과 주목을 받는다.

가족, 친구, 동료들이 예비 엄마나 예비 신부를 위해 '베이비 샤워' 혹은 '웨딩 샤워'라 불리는 깜짝 파티를 열어주는 것도 미국의 문화 중 하나이다. 아기나 결혼식 관련 소품, 게임, 그리고 케이크에 둘러싸인 파티의 주인공은 참석자로부터 많은 선물을 받는다. 이후 예비 부모는 태어날 아기의 성별을 공개하는 파티를 열 수도 있는데 보통 파티에서 자르는 케이크의 단면이나 폭죽을 터뜨려 나타나는 색깔이 분홍색이면 딸, 하늘색이면 아들을 의미하지만, 좀 더 색다른 방식으로 아기의 성별을 공개할 수도 있다.

또 다른 중요한 의례로는 기독교의 첫영성체 또는 남자아이를 위한 바르 미츠바, 여자아이를 위한 바트 미츠바처럼 유대교의 성인식과 같은 종교 행사가 있다. 히스패닉 문화에서는 여자아이의 15세 생일파티를 일컫는 '킨세아녜라'가 있지만, 사실상 16세가 된 여자아이의 특별한 생일파티는 많은 문화권에 존재한다. 가장 많은 문화권에서 나타나며 가장 기억에 남는 청소년기의 특별한 의례는 아마도 18세가 된 고등학생의 졸업을 축하하는 댄스파티 '프롬'일 것이다.

【 행사 준비 】
단지 결혼식에 국한된 것이 아니다! 미국인들은 모든 일을 '행사'로 만들어 그 의미를 크게 부각한다. 밸런타인데이나 핼러윈은 중요한 연례행사다. 어린이집에도 졸업식이 있다. 아이들은 트로피로 진열장을 가득 채우며, 스포츠 대회에 단순히 참가하기만 해도 상을 받을 수 있다. 미국 최대 스포츠 행사인 미식축구리그 결승전 '슈퍼볼'에서 경기의 공수를 결정하는 2초짜리 '동전 던지기'는 TV 방송국이 생중계하는 미니 쇼로 진행되며, 관중들이 지켜보는 가운데 특별 제작된 동전이 사용된다.

휴일

휴일은 대체로 국가가 지정한 공휴일이지만, 각 주에서 휴일에 대한 권한을 가지고 있는 경우가 많으며, 기념하는 방식은 종교, 민족 배경, 지역 문화에 따라 다르다. 대부분 주에서는 11개 연방 공휴일을 국경일로 준수하며 이때 학교, 은행, 우체국, 관공서는 문을 닫는다(특정 휴일에는 주식 시장이 열릴 수도 있다). 대중교통 등 다른 공공 서비스 업무는 단축 운영될 수 있다. 민간 기업은 항상 연방 공휴일을 따르지는 않으며, 추수감사절 직

주요 공휴일 및 기념일	
새해 첫날*	1월 1일
마틴 루서 킹 데이*	1월 세 번째 월요일
밸런타인데이	2월 14일
대통령의 날*	2월 세 번째 월요일
성 패트릭 데이	3월 17일
부활절 휴일	매년 다름(부활절 전 금요일 및 부활절 다음 날인 월요일)
메모리얼 데이*	5월 네 번째 월요일
준틴스(미국 노예해방기념일)*	6월 19일
독립기념일*	7월 4일
노동절*	9월 첫 번째 월요일
콜럼버스의 날 / 원주민의 날*	10월 두 번째 월요일
핼러윈	10월 31일
재향 군인의 날*	11월 11일
추수감사절*	11월 네 번째 목요일
크리스마스*	12월 25일

* 표시 휴일은 일반적으로 공휴일이다. 휴일이 주말인 경우, 보통 그 전 금요일이나 다음 월요일은 쉬는 경우가 많다.

후의 금요일처럼 직원들에게 대체 휴일을 제공하기도 한다.

추수감사절이나 독립기념일은 미국 고유의 휴일이다. 그러나 공휴일은 아닐지라도, 이민자들이 들여온 많은 종교나 민족 관련 축제 역시 미국의 독특한 정체성을 나타낸다. 일례로

매년 미국 전역에서 열리는 성 패트릭 데이 퍼레이드의 파이프 밴드 연주

성 패트릭 데이에는 민족과 관계없이 모든 미국인이 녹색 옷을 입고, 이날을 위해 특별히 녹색으로 만든 음식이나 음료를 즐기며 자신들이 아일랜드인의 후손이라고 외친다!

어떤 이들은 이러한 많은 행사, 특히 종교적 행사가 본래의 의미를 상실하고 가족 내 문화에 따라 퇴색되었거나 카드 회사 마케팅 때문에 상업적인 행사로 변질하였다고 말할지 모른다. 실제로 업계는 성 패트릭 데이가 끝나자마자 부활절 준비를 시작한다. 상점 판매대에서는 녹색 맥주와 "키스해 주세요. 나는 아일랜드 사람이에요"라고 쓰인 녹색 플라스틱 모자가 사라지고 부활절 달걀이 재빨리 그 자리를 차지한다.

미국만큼 퍼레이드를 즐기고, 떠들썩한 행사를 좋아하며, 휴일 분위기에 흠뻑 취하는 나라는 없다. 휴일은 애국심을 표출할 기회이며, 미국인이라는 정체성을 확인하고 화합을 도모하기 위해 함께 모이는 날이다. 예를 들어 메모리얼 데이, 재향 군인의 날, 대통령의 날에는 성조기인 '올드 글로리'를 어디서나 볼 수 있다. 휴일은 또한 계절의 변화를 나타내기도 한다. 메모리얼 데이와 노동절은 여름의 '마지막 장'이다(노동절 주말은 종종 신학기 준비를 위한 쇼핑에 열을 올리는 날이기도 하다).

공휴일 외에도, 작은 마을 축제부터 각 주의 카운티 행사에 이르기까지 수많은 행사가 있다. 고적대가 이끄는 길거리 퍼레이드는 개인주의, 경쟁, 팀워크가 어우러진 미국의 독특한 일면을 보여준다.

지역마다 고유의 문화를 기념하는 축제가 있다. 여러 민족이 모여 다양한 음식과 춤으로 축제를 즐긴다. 북부에는 폴카 축제, 남부에는 메기 축제, 그리고 거의 모든 주에서 맥주 축제가 열린다.

【 마틴 루서 킹 데이와 노예해방기념일(준틴스) 】

가장 최근에 연방 공휴일로 지정된 이 두 날은 흑인 역사와 관련 있다. 마틴 루서 킹(1929~1968년) 목사를 기념하는 공휴일은 그의 생일인 1월 15일과 가까운(때로 당일이 될 수도 있는) 1월의 세 번째 월요일이다. 마틴 루서 킹 목사의 비폭력 저항에 관한 호소 및 비극적인 죽음은 소수자 인권 보호에 중요한 진전을 가져왔다. 그의 이름 약자를 따 'MLK^Martin Luther King Jr. 데이'라고 불리기도 하는 이날은 1986년 처음 공휴일로 지정되었다. 아프리카계 미국인 커뮤니티에서는 미국이 2021년에 노예해방기념일(준틴스)을 연방 공휴일로 지정하기 훨씬 전부터 150년 이상 이날을 기념해 왔다. 이날은 남부 연합 주에 살던 아프리카계 미국인들이 1865년 마침내 노예제 폐지 소식을 접한 날을 기린다.

【 밸런타인데이 】

성 밸런타인이 정확히 누구인지에 대해서는 역사학자들의 의견이 분분하지만, 밸런타인데이 카드는 1800년대 초, 에스터 하우랜드라는 젊은 미국인 여성이 처음 상업적인 목적으로 카드를 보내기 시작한 것이 시초가 되었다. 2월 14일은 미국인들이 사랑하는 이를 위한 카드와 꽃, 사탕과 초콜릿을 선물하는 날이 되었다. 공휴일은 아니지만, 우편물의 양은 크리스마스를 능가한다. 커플들은 로맨틱한 저녁 식사를 한다. 이날은 프러포즈하기에 가장 인기 있는 날이기도 하다. 친구들, 부모님과 자녀 사이에도 카드와 선물을 주고받는다.

【 독립기념일 】

철저하게 미국적인 이날은 1776년 7월 4일, 미국의 독립선언문 채택을 기념하는 날이다. 미국의 생일인 이날을 축하하기 위해 사람들은 성조기로 치장한다. 티셔츠에서 테이블보에 이르기

캘리포니아주 산호세의 독립기념일 퍼레이드에 등장한 성조기로 장식한 자동차

까지 주변을 모두 성조기의 색인 빨간색, 흰색, 파란색으로 장식한다. 야외 콘서트나 불꽃놀이가 펼쳐지는 가운데 가족과 친구들은 모여 바비큐와 피크닉을 즐기며, 애국심을 상징하는 음식인 핫도그, 햄버거, 옥수수, 애플파이를 먹는다.

【 핼러윈 】

'모든 성인의 날(만성절)'인 핼로마스에 사람들은 죽은 자의 영혼을 달래기 위한 초콜릿과 사탕을 남겨두었다. 전날 밤에 이들이 구천을 떠돌아다닌다는 소문이 돌았기 때문이었다. 핼로마스는 원래 삼하인 축제(겨울의 시작을 축하하는 고대 켈트족의 축제-옮긴이) 날로, '여름의 끝'을 기념하는 날이었다. 오늘날 핼러윈은 공휴일은 아니며, 고도로 상업화된 행사가 이어지는 날이다. 멀쩡한 교외의 주택이 거미줄, 해골, 플라스틱 묘비로 장식한 유령의 집으로 변신한다. 청소년들은 섬뜩한 피투성이 분장을 하고, 어린이들은 좋아하는 만화 캐릭터나 슈퍼히어로로 의상을 입는다. 이들은 집집마다 돌아다니며 집주인에게 '사탕을 주지 않으면 못된 장난을 치겠다'라는 의미로 "트릭 오어 트릿Trick or Treat"을 외친다(사탕을 주지 않으면 밤사이 집이 달걀로 '폭탄'을 맞거나 마당의 나무와 덤불이 온통 화장실 휴지로 끔찍하게 '장식'될 수 있다).

핼러윈에 뉴욕에 있다면 그리니치빌리지에서 열리는 핼러윈 퍼레이드에 가야 한다. '무엇이든 다 괜찮은' 뉴욕의 성 소수자 커뮤니티에서 영감을 받아 시작된, 재미있고 기발한 아이디어가 넘치는 핼러윈 축제를 놓쳐서는 안 된다.

【 추수감사절 】

추수감사절은 미국 땅에 정착한 초기 이주민들이 풍성한 수확물에 감사하기 위해 시작된 북미 지역 고유의 휴일이다. 미국인들은 1년 중 이때 가장 많이 이동하며, 가족들이 함께 모여 칠면조와 드레싱, 크랜베리 소스, 캔디드 얌(설탕을 듬뿍 넣어 구운 얌이라는 식물로 만든 디저트-옮긴이), 호박파이 등 전통적인 음식을 먹는다. 추수감사절 전통은 청교도가 미국에 정착한 시기부터 발전해 왔으며, 보통 아침에는 TV로 뉴욕의 메이시스 백화점 추수감사절 퍼레이드를 시청하고, 추수감사절 전통 식사를 한 후, 오후에는 대학 미식축구 경기를 시청한다.

추수감사절은 항상 목요일인 데다 가족들이 서로 멀리 떨어져 살 가능성이 크기 때문에 미국인들은 보통 그다음 날인 금요일에 휴가를 얻는다. 크리스마스 준비를 시작하는 것보다 휴일을 보내는 더 좋은 방법은 없을 것이다. 따라서 추수감사

뉴욕 메이시스 백화점 추수감사절 퍼레이드

절 다음 날인 '블랙 프라이데이'에는 1년 중 가장 많은 사람이 쇼핑을 하며, 각종 할인과 경품 행사가 이어진다. 최근에는 추수감사절 바로 다음 주 월요일인 '사이버 먼데이'도 생겼다. 추수감사절 칠면조 요리를 다 즐겼다면, 캠핑 의자를 들고 쇼핑몰로 달려가 맨 앞줄에서 기다리다가 새벽 4시에 상점이 문을 열면 가장 먼저 최신형 아이폰을 구매할 수 있다!

【크리스마스】

기독교인들은 12월 25일 예수의 탄생을 축하하며, 어떤 사람들에게는 이날이 1년 중 유일하게 교회에 가는 날이기도 하다. 무교인 사람들도 집을 장식하고 크리스마스트리를 꾸미며, 가족이 함께 모여 선물을 교환하고 특별한 저녁 식사를 즐긴다. 거의 비슷한 전통 음식을 먹는 추수감사절과는 달리, 크리스마스 음식은 민족에 따라 다르다. 크리스마스에 이웃에 사는 미국의 네 가정을 방문하면 독일 출신 가정에서는 '페퍼뉘세'라는 향신료가 들어간 쿠키를, 이탈리아 출신 가정에서는 '크로스톨리'라는 튀긴 과자를, 남부 출신 가정에서는 브레드 푸딩을, 일반적인 미국 가정에서는 슈거 쿠키를 각각 전통적인 크리스마스 디저트로 내올 것이다.

【 즐거운 휴일 보내세요 】

주로 개신교나 천주교를 믿는 국가에서 온 사람들은 크리스마스 즈음에 미국인들이 구체적으로 크리스마스를 언급하는 인사말 대신 대부분 "즐거운 휴일 보내세요."라고 말하는 모습을 보고 의아해할 수 있다. '정치적 올바름(인종, 성별, 종교, 직업과 관련해 차별적인 언어나 행동을 피하는 정치적, 사회적 운동-옮긴이)'이라는 개념이 등장하기 훨씬 전인 건국 초기부터 미국인들은 다양한 종교, 인종, 민족이 기념하는 각기 다른 휴일을 존중해 왔다.

예를 들어 유대인들은 12월에 8일간 빛의 축제인 하누카를 기념하며, 아프리카계 미국인들은 12월 26일부터 1월 1일까지 콴자라는 성찰과 감사의 기간을 기념한다. 이슬람교도는 라마단 기간에 낮 동안 금식을 한다. 러시아와 그리스 정교회에서는 부활절이 가장 중요하다. 유대인에게는 로쉬 하샤나(유대교의 새해 첫날)와 9월의 욤 키푸르(속죄의 날)가 1년 중 가장 성스러운 날이며, 3월 혹은 4월에 있는 유월절(유대인들의 이집트 노예 생활 탈출을 기념하는 날-옮긴이)에는 가족이 함께 모여 특별한 식사를 한다.

다양한 국적과 민족 배경을 가진 사람들은 자신들의 고유한 휴일을 기념한다. 멕시코의 기념일인 5월 5일 '싱코 데 마요'

에는 뉴욕과 로스앤젤레스를 비롯한 대도시에서 거리 축제와 파티가 열린다. 뉴욕과 샌프란시스코의 차이나타운에서는 1월 말이나 2월 초 음력 새해를 기념한다. 뉴올리언스의 프렌치 쿼터 지역에서는 '마르디 그라('뚱뚱한 화요일'이라는 의미로 2월 말에서 3월 초 사순절의 시작을 알리는 날)'를 기념하기 위해 수레를 장식하며, 화려한 의상을 입고 24시간 내내 파티를 즐긴다. 마지막으로 뉴욕과 샌프란시스코를 포함해 많은 도시에서 매년 6월 개최되는 성 소수자를 위한 퍼레이드 'LGBTQ 프라이드'에서는 다채로운 행사가 열린다.

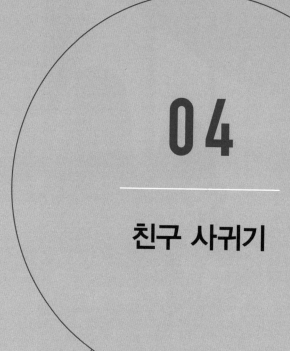

04

친구 사귀기

환대라는 개념에 대한 서로 다른 문화적 전통, 예의범절에 대한 각자의 기준, 소심하거나 건방진 태도에 대한 경계심을 지닌 채 미국이라는 나라에 도착한 사람들이 느끼는 첫인상은 몹시 다양하다. 때로 방문객들은 L.A. 해변에서 서핑을 즐기던 태평한 사람과 미네소타주에서 만난 친절한 농부가 같은 국적은커녕 같은 인류가 맞는지 궁금해할 수도 있다.

환대라는 개념에 대한 서로 다른 문화적 전통, 예의범절에 대한 각자의 기준, 소심하거나 건방진 태도에 대한 경계심을 지닌 채 미국이라는 나라에 도착한 사람들이 느끼는 첫인상은 몹시 다양하다. 때로 방문객들은 L.A. 해변에서 서핑을 즐기던 태평한 사람과 미네소타주에서 만난 친절한 농부가 같은 국적은커녕 같은 인류가 맞는지 궁금해할 수도 있다.

당신이 "고마워요."라고 말했을 때 투덜대는 것 같았던 뉴욕의 식료품 가게 점원은 무례해서 그런 것이 아니다. 그냥 바쁠 뿐이다. 애틀랜타의 한 호텔에서 당신에게 아침 식사를 가져다준 종업원이 과장된 어조로 "좋은 하루 보내세요."라고 말했던 것이 그가 가식적인 사람이기 때문이 아니다. 단지 다른 남부 사람들처럼 예의가 바를 뿐이다. 도와달라는 요청을 받으면 이들은 하던 일을 멈추고 기꺼이 당신을 도와줄 것이다.

각양각색의 미국인만큼이나 다양하고 광범위한 주제를 다루는 이 책에서는 많은 일반화가 필요하다는 사실을 다시 한번 밝혀둔다. 그러나 첫인상을 넘어서고 나면 미국에는 정말로 그 이상의 무엇인가가 있다.

미국식 우정

미국인들은 전 세계에서 가장 열린 사고방식을 가진 재미있고 친근한 사람들이다. 그러나 미국인이 생각하는 우정은 당신이 생각하는 우정과는 다를 수 있다.

독립적인 미국인에게는 아시아인처럼 상호 간 관계를 특징지어야 한다는 의무감이 전혀 없다. 미국인은 친구에게 취업이나 자동차 수리를 도와달라고 부탁할 가능성이 아시아인보다 훨씬 적다. 사람들은 언제나 바쁘고, 이동이 잦기 때문에 필연적으로 미국인의 우정은 '일시적'이라는 특징을 보인다. 관계가 지속되는 동안에는 최대한 우정을 즐기려는 태도가 중요하다. 오랫동안 소식이 끊겼던 친구와 우연히 마주친다면, 미국인은 그동안 소식이 없었던 것에 대해 미안해하기보다는 기쁜 마음으로 안부를 주고받은 후, 즐거운 시간을 함께 보낼 것이다. 미국인에게 최고의 우정은 부담 없이 쉽게 이어갈 수 있는 우정일 것이다.

미국인의 따뜻한 미소와 관심 표현, 관대한 행동은 모두 진심이다. 감정을 잘 드러내지 않는 북유럽인이나, 격식과 예의범절을 따지는 아시아인에 익숙한 사람들은 미국에서 친구를 사귀는 일은 식은 죽 먹기라고 여길 수 있다. 그러나 미국에 처음 온 사람들은 미국인과의 우정은 표면적인 친밀감에 지나지 않는다는 사실에 당혹감을 느끼고 실망할 수 있다.

좋은 소식은, 이러한 특징 덕분에 미국에서는 일상적인 초대를 부담 없이 수락하거나 거절해도 괜찮다는 점이다. 주말에 특별한 계획이 없는가? 곧 누군가가 당신을 야구 경기나 파티에 초대할 가능성이 크다. 초대를 받는다면, 다른 문화권에서 느꼈던 신세를 졌다는 생각이나 보답해야 한다는 마음의 부담 없이 편하게 즐기면 된다.

서로를 알아가기

미국인들은 누군가와 안면을 틀 때 단도직입적으로 시작하기를 좋아한다. 따라서 미국인이 묻는, 표면적으로 사적인 영역에 관한 질문은 일부 문화권 출신 사람들에게는 무례하게 여겨질 수 있다. 예를 들어 "어느 학교 출신인가요?"와 같은 질문을 받으면 사회적 계층을 따지는 영국인은 방어 태세를 취할 수 있다. 그러나 미국인은 단순히 '서로를 알아가는 과정'을 빠르게 진행하고 싶은 마음에서 이런 질문을 했을 뿐이다. 당신도 이 점을 이용하면 된다. 스포츠, 가족, 취미, 반려동물과 같은 안전한 주제에 관해 미국인과 대화를 나누거나 자유롭게 질문할 수 있다.

여행을 자주 다니는 미국인도 있지만, 최신 여권을 가진 사람은 미국인의 약 3분의 1에 그칠 정도로 소수에 불과하다. 따라서 당신의 국가나 문화에 대한 미국인의 발언이 무례하게 느껴지더라도 기분 상해 할 필요는 없다. 대부분은 몰라서 일어난 일이며, 점잖게 수정해 주면 미국인은 기꺼이 수용한다. 건강이나 재정 상황 등 당신이 생각하기에 사적인 영역으로 대화의 주제가 넘어가면 어떻게 해야 할까? 사적인 영역을 침범하고 있다는 미묘한 힌트를 미국인이 항상 알아차릴 수 있는 것은 아니므로, 가볍게 언급하고 화제를 전환하면 대부분 효과가 있을 것이다. 당신이 유럽 출신이라면 대화를 나누고 있는 미국인의 가계도에 그 나라 출신 조상이 몇 명 있었는지 물어볼 수도 있다. 당신이 영국인이라면 대화 중 갑자기 이상한 말투로 미국인이 당신의 억양을 흉내 낼 수 있는데 이는 조롱이 아니라 단지 장난일 뿐이다.

미국에서는 국가의 제도나 생활 방식을 비판하는 것 이외에 진정으로 불쾌한 일은 거의 일어나지 않으며, 사실 이러한 주제는 어느 나라에서도 대화를 시작하는 좋은 방법은 아니다. 미국 사회는 최근 계속해서 양극화 현상이 심화하고 있다. 오늘날 공화당과 민주당 지지자들은 과거와 비교하여 상대의 관점을 존중하는 경향이 훨씬 적다. 친구나 가족과 대화할 때 미국인들은 점점 더 정치에 관한 주제를 피하는 성향이 두드러지고 있으며, 자신과 정치적 견해가 다른 친구와 더는 연락하지 않는다는 사람들도 있다. 그렇다면 어떻게 해야 할까? 가급적 이러한 대화는 피하라. 특히 처음 만난 사이라면, 종교 이야기처럼 민감한 주제는 꺼내지 않는 편이 현명하다.

그렇다면 미국인을 불편하게 하는 행동은 무엇일까? 시간을 너무 많이 빼앗거나 지나치게 의존하려는 태도이다. 미국인과 관계를 맺을 때는 상대의 눈치를 잘 읽고, 사회적 경계선을 존중하며, 민폐를 끼치기 전에 적당한 선에서 멈추도록 주의해야 한다.

이제 당신은 무슨 일을 해야 할지 알았다. 그렇다면 3억 3300만 명이 넘는 미국인 중 한 사람과 친구가 되려면 어떻게 해야 할까? 지금까지 살펴봤듯, 미국인은 행동하고, 함께하며, 조직하는 사람들이다. 그들은 비슷한 분야에 열정을 보이는 사람과는 반드시 이야기를 나눌 것이다. 그러니 당신의 직업이나 관심사가 무엇이든, 관련 모임을 찾아 참여하라. 어디서든 네트워크를 형성하는 미국인들은 기꺼이 당신을 소개하고 인맥을 만들어 줄 것이다. 등산을 좋아한다고 말하면, 누군가가 자신의 사돈의 팔촌이 최고의 등산로를 알고 있다며 당신에게 소개해 줄 것이다. 술집이나 파티에서 마음이 맞는 사람을 만날 수도 있고 아닐 수도 있겠지만, 만나지 못한다고 하더라도 어쨌거나 즐겁게 시간을 보낼 수 있다.

처음 소개해 준 후에는, 미국인들은 당신이 혼자서도 잘 지내고 있다고 생각한다. 미국인은 독립심과 프라이버시를 존중한다는 사실을 기억하라. 하지만 당신이 요청하면, 그들은 기꺼이 조언해 주거나 도움을 줄 것이다. 일단 우정을 쌓게 되면, 당신은 미국인만의 열정과 관대함을 사랑할 수밖에 없게 된다.

인사

미국인은 일반적으로 "안녕하세요, 잘 지내세요?"라는 인사말과 함께 미소를 지으며 악수한다. 당신의 건강이 어떤지 시시

콸콸 설명할 필요는 없다. 비슷하게 활기찬 어조로 "좋아요. 당신도 잘 지내요?"라고 답하면 된다. 소개를 받을 때는 성과 이름을 모두 말하며, 이후에는 이름을 부른다. 대체로 직함은 특별한 경우에만 사용한다. 과거에는 학생들이 선생님, 이웃, 그리고 가족의 친구를 성으로 부르거나 '선생님' 혹은 '부인'이라고 부르기도 했다. 요즘에는 존칭을 생략하는 경우가 많지만, 남부 일부 지역에는 아직도 이러한 관습이 남아있다.

사람들은 서로 어울리며 자신을 소개한다. 미국인은 일반적으로 사교성이 뛰어나고 자신감이 넘친다. 그들은 당신의 이름(적어도 그들이 당신의 이름이라고 생각하는 이름)을 잘 기억한다. 그러나 당신이 미국인들의 낯선 이름을 모두 다 외울 수 있다고 기대하지는 않기 때문에 상대방에게 이름을 다시 말해달라고 요청해도 괜찮다. 기억하는 데 도움이 될 뿐 아니라, 대화를 시작하는 좋은 방법이 될 수도 있기 때문이다.

초대

미국인이 당신을 초대한다면 편하게 즐기면 된다. 미국인은 당신을 진심으로 환대할 것이다. 저녁 식사는 고급 식기에 담긴 코스 요리일 수도 있고, 종이 접시에 담긴 뷔페 음식일 수도 있다. 식사 시에는, 대체로 편안한 분위기 속에 모두 함께 대화에 참여한다. 초대를 받았을 때는 혹시 필요한 것이 있는지 물어보는 것도 좋다. 집주인이 당신의 친한 친구라면 샐러드나 디저트를 가져와 달라고 부탁할 수도 있지만, 그렇지 않다면 정중하게 괜찮다고 말할 것이다(그러나 빈손으로 초대받은 집에 가기보다는 정성껏 고른 와인 한 병이나 작은 꽃다발 정도를 준비하면 무난하다. 뒤쪽의 '선물' 부분 참조). '포트럭 파티'에는 모두 각자 준비한 요리를 가지고 가서 나누어 먹는다(경험자 조언: 아주 간단한 요리조차 어렵다면 와인 한 병을 가져가겠다고 선수를 칠 수도 있다).

당신을 초대한 사람이 주방이 작은 아파트에 산다면, 레스토랑에서 식사하게 될 수도 있다. 손님 자격으로 초대받았는지 확신하지 못할 경우, 식사 비용을 계산할 때 일단 당신 몫을 낼 준비를 하는 편이 좋다. 상대방이 곧 명확하게 상황을 정리해 줄 것이다. 당신이 팁을 낼 수도 있지만, 손님으로 초대받은 상황이라면 대체로 감사한 마음으로 그냥 즐기면 된다.

크리스마스나 추수감사절 같은 명절을 지내는 방식은 가족에 따라 다르며, 손님은 각자 테이블에 차려진 음식을 직접 접시에 담는다. 칵테일파티는 학년 초 학부모 모임, 새로운 이웃을 위한 환영회, 회의가 시작되기 전 비공식 만남 등 많은 사람이 한꺼번에 만나기 위해 흔히 사용되는 방법이다('공식적인' 행사라면 선물을 가져갈 필요는 없다).

아무도 격식을 차리지 않는다. 누가 와서 환영해 줄 때까지 기다리기보다는 "편히 드세요." 혹은 "편하게 하세요."라는 말을 들으며 함께 어울린다. 완벽한 식사나 접대가 아닌, 서로 함께 하는 시간에서 즐거움이 시작되는 것이다.

공식 만찬의 경우, 안내된 시간으로부터 15분 이내에 도착한다. 파티의 경우 30분까지는 괜찮다. 다만 너무 일찍 혹은 정시에 도착하지는 않는 편이 좋다(콘서트나 연극과 같은 행사의 경우에는 시간을 지킨다). 다른 사교 모임과는 달리, 칵테일파티 초대장에는 시작 시각뿐 아니라 종료 시각도 명기되어 있으므로, 이에 따라야 한다.

초대장에 특별한 언급이 없다면, 일반적으로 복장은 스마트 캐주얼(어느 정도 격식을 갖춘 일상복-옮긴이)이면 무난하다. 바비큐 파티나 피크닉의 경우, 반바지와 샌들도 좋다. 잘 모르겠다면, 초대한 사람에게 미리 물어보아도 괜찮다.

• 언제 점심 같이 해요! •

최근에 미국으로 이주한 베스는 걱정이 많았다. 만났던 사람마다 대화를 마무리할 때 베스에게 "언제 함께 점심 먹어요."라고 말했지만, 정작 아무도 전화를 걸어오지 않았기 때문이다. 베스가 어떤 문화적 결례를 범한 것은 아니었다. 다른 많은 방문객처럼, 베스도 따뜻하고 개방적인 미국인의 의사소통 스타일을 오해한 것이다. 미국인들은 순수하게 좋은 의도를 가지고 건넨 말이지만, 현실에서는 빡빡한 일정 탓에 시간을 내지 못한 것일 수도 있다. "우리 꼭 만나요." 라는 말은 사실상 초대가 아니라 완곡하게 대화를 마무리하는 방법이다.

【선물】

저녁 식사에 초대받았다면, 대체로 꽃, 초콜릿, 혹은 와인 한 병(주인이 술을 마시는 경우라면)을 준비하면 무난하다. 주말 동안에 미국인의 집에 머무르게 되었다면, 작은 장식 소품이나 책과 같이 '안주인을 위한 선물'도 좋다. 머무는 동안 집주인에게 점심이나 저녁 식사를 대접할 수도 있지만, 일정이 서로 맞지 않는다고 해서 걱정할 필요는 없다.

05

일상생활

미국 가정에 처음 방문한 손님은 집 안 전체를 둘러볼 수 있으며, 드레스룸과 방에 딸린 욕실도 출입 금지 구역으로 간주하지 않는다. 집주인은 손님에게 냉장고에서 음료수를 직접 꺼내 마시라고 할 수도 있다. 이 모든 것들이 미국인은 개방적이라는 인상을 준다.

주거 환경

정부가 무상으로 토지를 제공하던 개척 시대, 자욱한 먼지를 일으키며 말을 달려온 초기 이주민들이 땅에 말뚝을 박고 소유권을 주장했다는 이야기가 있다. 오늘날 미국인들은 캘리포니아 땅에 '말뚝을 박기' 전, 주택 담보 대출 금리를 먼저 살펴보아야 한다. 주택 시장이 계속해서 상승세를 보이고는 있지만 내 집 마련은 여전히 아메리칸드림의 큰 부분을 차지한다.

초기 미국 주택의 형태는 지역의 기후 및 건축 자재 확보의 편의성에 따라 정해졌다. 남서부 스페인 식민지에서는 푸에블로 원주민의 영향으로 어도비 양식(스페인의 지중해풍 건축 양식-옮긴이) 집을 지었다. 뉴잉글랜드 사람들은 지역의 목재를 이용해 박공이 달린 집을 지었으며, 19세기 산업혁명으로 부를 축적한 기업인들은 유럽산 석재와 대리석을 선호했다. 남부는 건축 사학자들의 천국이다. 뉴올리언스 프렌치 쿼터 지역의 화려한 철제 발코니부터 미시시피주와 조지아주의 스페인 양식 대저택, 텍사스주의 대규모 목장에 이르기까지, 미국인의 주거 형태는 지역별 지형 특성과 생활 양식, 그리고 이민자의 영향이 반영되어 나타난 결과물이다.

지역에 따라 차이는 있지만 대체로 오늘날 미국의 주택은 세심하게 관리된 인접한 구획마다 같은 양식의 주택을 짓는 특성을 보인다. 그러나 미국인은 가능하다면 집을 통해서도 개성을 표현하고 싶어 한다. 미국의 교외 지역을 산책하다 보면, 콜로니얼 양식으로 지은 농가와 영국 튜더 양식으로 지은 주택 사이에 그리스 부흥 양식으로 지은 집이 자리하고 있는 모습을 볼 수 있는데, 놀라운 점은 지은 지 2년이 넘은 건축물은 없다는 사실이다. 또한 대부분 미국 전역에 풍부한 자원인 목재로 지어진 건물이 많다. 오늘날 건축업자들이 좋아하는 주택은 가족 구성원 각자가 인터넷 서핑을 하거나 트위터에 메시지를 남기는 동안 서로 마주치지 않을 수 있는, 초대형 '맥맨션(맥도날드 매장을 만들듯 특색 없이 만드는 대형 주택-옮긴이)'인 것 같다.

선조들의 방랑벽에 영향을 받은 미국인들은 대학 진학, 취업 또는 단순히 일상의 변화를 위해 살면서 평균 열두 번 정도 이사를 한다(참고로 유럽인은 보통 평생 네 번 이사를 하며, 그중에서도 영국인은 23년에 한 번꼴로 이사를 한다).

미국인의 국내 이동 추세를 살펴보면, 점점 도시화하는 양상을 보인다. 미국은 더는 농부의 나라가 아니며, 미국인 5명

벽돌로 지은 연립 주택 '브라운스톤'은 뉴욕의 명물이다.

중 1명만이 국토의 97%를 차지하는 농촌 지역에 살고 있다. 북동부 지역은 인구가 감소하고 있지만, 남부의 교외 지역은 계속해서 증가하고 있는 것도 주요한 특징 중 하나이다. 2020년 인구조사에 따르면 뉴욕시의 인구는 감소했지만, 애리조나주의 피닉스, 텍사스주의 휴스턴, 댈러스, 오스틴, 조지아주의 애틀랜타에서는 인구가 가장 큰 폭으로 증가했다.

도시는 사회경제적으로 극단적인 특징을 보인다. 뉴욕에서는 정부의 지원을 받는 저소득층 주택과 수천만 달러가 넘는 호화로운 아파트가 이웃에 공존한다. 뉴욕의 고유한 주택은 건물 앞면 외벽 색상의 이름을 따 '브라운스톤'이라고 불리는, 나란히 늘어선 3~4층짜리 연립 주택이다. 건물 한 채에 한 세대만 살 수도 있지만, 아파트나 원룸처럼 여러 세대가 모여 살 수도 있다. 일부 고층 아파트 건물에는 작은 마을에 버금가는 수의 사람들이 살고 있다.

대조적으로, 교외 지역의 주택은 잘 가꾸어진 마당이나 정원, 농구 골대, 수영장, 미니밴을 갖추고 있는 요새와 같다. 따뜻한 남부 주에서는, 주민들을 위한 커뮤니티 시설을 갖춘 소규모 콘도 단지가 은퇴자 및 전문직에 종사하는 독신가구에 인기 있다. '게이티드 커뮤니티(경비 인력이 상주하며 보안이 철저한 주거 지역-옮긴이)'는 한 지역에 오래 머무르지 않는 미국인에게는 흔치 않은 공동체 의식, 그리고 안전 및 편의성을 제공한다.

집 꾸미기 및 부동산 관련 웹사이트와 TV 채널의 영향을 받아 최근 등장한 '코쿤족(누에고치를 뜻하는 말로 자신만의 안전한 공간에 머무르기를 좋아하는 사람들-옮긴이)' 현상은 코로나19로 집 안에 갇히기 전부터 그 어느 때보다 미국인들이 집에 많은 시간과 돈을 투자하게 했다. '스스로 해보기'를 좋아하는 미국인에게는 집수리 취미활동을 위한 도서, TV 프로그램, 창고형 대규모 주택 개조 용품점도 인기가 있다. 지붕에 석고판을 올리고 달리는 SUV 차량을 보는 일도 흔하다. 최종 결과물뿐 아니라 만드는 과정에서도 미국인들은 만족감을 얻는다. '헐값에 나온 집'이 수리를 통해 꿈의 집으로 탈바꿈하면 미국인 집주인은 행복한 마음으로 다음 프로젝트를 준비한다.

【 편하게 생각하세요 】

미국 가정에서 사생활 보호 및 공개에 관한 논의는 특히 역설적인 문제이다. 다른 문화권에서는 흔한 담장이나 울타리가 미국인의 넓은 마당과 공터에는 없다. 실내에서도 유럽처럼 레이스 커튼을 사용해 이웃의 시선을 차단하는 경우는 드물다. 같은 맥락에서, 미국 가정에 처음 방문한 손님은 집 안 전체를 둘러볼 수 있으며, 드레스룸과 방에 딸린 욕실도 출입 금지 구역으로 간주하지 않는다. 집주인은 손님에게 냉장고에서 음료수를 직접 꺼내 마시라고 할 수도 있다. 이 모든 것들이 미국인은 개방적이라는 인상을 준다.

　그러나 미국인은 사적 공간과 프라이버시를 중요하게 여긴다. 전형적인 교외의 주택에는 개방형 주방과 가족실 같은 넓은 공용 공간이 있지만 사적 공간 역시 충분하다. 저녁 시간에 미국의 가정을 방문하면 가족들이 모두 흩어져 각자 침실에서 TV를 보거나, 친구와 온라인 채팅을 하거나, 인터넷 서핑을 하거나, 때로는 이 모두를 동시에 하는 모습을 볼 수 있을 것이다.

미국의 가정에서 흔히 눈에 띄는 사항은 모든 것이 '크다'는 사실이다. 침대는 킹사이즈이며, 홈시어터 TV는 대형 스크린과 서라운드 사운드 시스템을 갖추고 있다. 햄버거는 '와퍼(터무니없이 크다는 뜻-옮긴이)'라고 불리는 큰 크기를 자랑하며, 가전제품은 '산업용' 크기이다. 영화관의 팝콘과 탄산음료는 '슈퍼사이즈'이며, 옷장은 '워크인(사람이 서서 들어갈 수 있는 크기-옮긴이)' 크기다. 군용 차량만 한 자동차도 있다. 그러나 환경 문제와 치솟는 유류비로 인해 운전자 사이에서는 허머 같은 대형 자동차의 인기는 시들해지고 테슬라와 하이브리드 자동차를 선호하는 추세가 나타나고 있다.

가족의 형태

미국의 가족은 어떤 모습일까? 인구통계학적 패턴과 가족 개념에 대한 미국인의 태도 변화와 함께, 느리지만 끊임없이 변화하는 모자이크와 비슷하다.

결혼하는 미국인의 중위연령(연령순으로 나열했을 때 정중앙에 있는 사람의 나이-옮긴이)은 남성 30세, 여성 28세로 점차 늦어지는 추세이다. 주마다 차이는 있지만, 첫 번째 결혼의 절반 가까이는 이혼으로 끝난다. 아마 이 때문에 많은 커플이 결혼보다 동거를 선호하는 듯하다. 2020년 인구조사에 따르면, 자녀 유무와 상관없이 법적으로 결혼한 가구는 미국 전체 가구 수의 절반에도 미치지 못하는 것으로 나타났다. 부모와 함께 사는 20~30대 젊은이들도 점점 늘어나고 있다.

의학의 발달로 여성들은 늦은 나이에도 아이를 가질 수 있게 되었다. 출산하는 30세 미만 미국인 여성의 절반 이상은 미혼모이다. 미국인 3명 중 1명은 비혈연 가족 관계를 맺고 있다. 또한 이제 모든 주에서 동성 커플의 결혼 및 자녀 입양이 가능하다는 대법원의 판결이 있었다는 점도 주목할 만한 점이다.

미국의 출산율은 지속해서 감소했지만, 평균 수명은 증가했다. 2030년이 되면 미국인 5명 중 1명은 65세 이상일 것으로 예상된다. 이는 X세대(1960년대 후반부터 1970년대에 출생한 세대-옮긴이)와 밀레니얼 세대(1980년대 초반부터 2000년대 초반에 출생한 세대-옮긴이)가 자녀 양육뿐 아니라 부모 부양의 책임을 동시에 지고 있다는 사실을 의미한다.

부모 각각이 있는 가정에서 양성평등은 남성과 여성 모두에게 일상적인 개념이 되었다. 맞벌이 부부의 수는 외벌이 부부보다 세 배 많으며, 외벌이의 경우 집에 있는 사람이 남성인 가정도 점점 증가하고 있다.

이러한 변화에도 설문조사에 따르면 미국인 대부분은 여전히 가족이 사회를 구성하는 근간이라고 생각하는 것으로 나타났다. 그렇다면 미국의 가족은 21세기의 급격한 변화에 어떻게 대응해 왔을까? 코로나19가 시작되고 초기 몇 년 동안 미

국인은 특유의 포용력과 적응력, 생활력을 발휘해 어려움에 대처했다. 조부모와 양부모, 편부모, 보모 등 여러 구성원이 힘을 합쳐 창의적인 방법으로 어렵고 복잡한 문제를 극복했다. 통계에 따르면 소가족화된 현대 사회에서 일하는 부모는 죄책감을 가질 수 있지만, 노동력을 절감하는 각종 기기의 활용으로 실제로는 이전 세대보다 부모와 자녀가 함께 보낼 수 있는 시간이 더 늘어났다고 한다.

미국에서 성장하기

자녀가 부모에 순종하는 문화권에서 온 사람들은 미국인 부모와 자녀 사이에 이루어지는 협의와 절충이 얼마나 많은지 알게 되면 충격을 받을 수 있다. 미국의 가정은 민주주의를 실천한다. 비교적 어린 자녀들도 점심 메뉴 선택부터 휴가지 선정에 이르기까지 가족의 모든 의사 결정에 참여한다. 다른 사회보다 어린 나이부터 미국의 아이들은 무엇을 먹고, 어떤 옷을 입고, 무슨 일을 하며 시간을 보낼지에 대한 의견을 내는 것이 일반적이다.

모든 사람은 나이와 관계없이 자신의 의견을 말할 권리가 있다. 이는 부모나 교사의 말에 아이가 이의를 제기할 수 있음을 의미한다. 위계를 중시하는 사회에서는 무례하다고 여겨지겠지만, 개인의 성향을 존중하는 미국인에게 이러한 행동은 의사를 표현하고, 적극적으로 학습하며, 권리를 행사하는 단순한 문제이다. 권위는 위계에 의해 자동으로 주어지는 것이 아니라, 존경받을 만한 행동을 통해 얻어지는 것이다. 교사는 학생들이 무조건 따라야 하는 대상이 아닌, 학습의 파트너이다. 또한 부모는 "하지만 왜 그래야 하죠?"라는 자녀의 질문에 합리적으로 답해야 한다. 훈육을 위한 체벌은 매우 바람직하지 않다고 여겨진다. 아이들끼리 싸움이 일어났을 때, 부모는 아이들 스스로 싸움을 중재하고 해결하도록 격려하며, '말로 소통하라'고 가르친다.

교육 기관과 가정 모두 아이들에게 독립심과 자립심, 자기표현의 중요성을 가르친다. 이러한 가치는 유치원에서 친구들에게 자신의 관심사나 자신이 성취한 것을 소개하는 '보여주고 말하기' 수업 시간에도 나타나며, 아이들은 이러한 활동을 통해 자신감과 자존감을 키운다. 교육은 기계적인 암기 학습보다는 조사, 분석, 문제 해결 과정을 통해 스스로 학습하는 힘을 키우는 데 중점을 둔다. 초등학교부터 대학원까지, 성적의 일정 부분은 수업 참여도를 반영하며, 학생들은 적극적으로 자신의 의견을 말하고 존재감을 드러낼 때 좋은 성적을 받을 수 있다.

성장하면서 점차 책임감을 쌓아나가는 일련의 과정을 통해 아이들은 독립심을 배운다. 6세 정도가 되면 아이는 친구네 집에서 함께 잠을 자기도 한다. 학교와 시민 단체 혹은 민간 기관은 다양한 외부활동을 제공한다. '운전'을 할 수 있게 되었다는 것은, 아이의 독립심이 가장 마지막 단계까지 발달했다는 의미이다. 많은 주에서 16~17세가 되면 운전할 수 있으며, 대다수 학교에서 '운전자 교육'을 실시할 정도로 운전은 중요한 행위로 여겨진다.

대중 매체에 등장하는 이미지를 통해 미국 사회를 판단하는 외국인은 미국 청소년이 누리는 엄청난 자유를 비판적인 시각으로 바라볼지도 모른다. 미국 사회는 아이들이 실질적인 정보와 도덕적 책임감을 가지고 스스로 판단하는 힘을 키워준다. 세상으로부터 아이들을 보호하는 방패가 되는 것이 아니라 아이들 스스로 위험과 싸워 극복해 내도록 도와주는 것이다. 미국인들은 가장 큰 배움은 실수를 통해 얻는 것이라고 생각한다.

학교는 시민의 책임이 반영된 포괄적인 교육 프로그램을 제공한다. 학교생활에 '적응하지 못한' 청소년이 저지르는 비극적인 충격 사건을 참작해 보면, 특정 분야에 몰두하는 소위 '괴짜' 혹은 '별종'이 강력한 하위문화를 형성하는 고등학교에서 또래 압력과 괴롭힘, 배타적인 문화는 매우 민감한 사안으로 다루어야 한다는 사실을 알 수 있다. 안타깝게도 SNS는 '사이버 폭력'을 24시간 가능하게 만든다. 카메라가 장착된 스마트폰을 사용하면 누구나 친구들의 자랑스러운 순간뿐 아니라 창피한 순간까지도 전 세계와 즉시 공유할 수 있다.

【 학년과 나이 】

미국인은 자신들의 방식이 세상의 방식이라고 생각할 때가 많다(종종 그들이 옳다). 미국인에게 자녀의 나이를 물어보면 미국 학교의 학년으로 대답할 때가 있는데, 이는 성적을 의미하는 알파벳 글자와는 다르다(학년과 성적을 뜻하는 단어는 영어로 모두 'grade'이다-옮긴이). 미국인의 10대 자녀가 '주니어(최고 학년의 바로 아래 학년-옮긴이)'라거나 '소포모어(두 번째 학년-옮긴이)'라는 대답을 들으면 혼란은 더욱 가중될 것이다. 일반적으로 학년에 5를 더

나이에 따른 일반적인 학년

학년	나이
초등학교	
유치원	5세
1학년	6세
2학년	7세
3학년	8세
4학년	9세
5학년	10세
중학교	
6학년	11세
7학년	12세
8학년	13세
고등학교	
9학년 혹은 '프래시맨(freshman)'*	14세
10학년 혹은 '소포모어(sophomore)'*	15세
11학년 혹은 '주니어(junior)'*	16세
12학년 혹은 '시니어(senior)'*	17세

* 표시 용어는 '4년제' 대학의 학년에도 사용된다. 대학교 1학년의 경우 일반적으로 18세이지만, 일부 학생들은 고등학교를 졸업하고 대학에 입학하기 전, 1~2년 정도 공백기를 갖기도 한다.

하면 대략적인 나이를 알 수 있다(그러나 간혹 학업 성취도 향상을 위해 '진급 보류', 즉 1년 유급을 선택하기도 한다).

코네티컷주 뉴헤이븐에 있는 예일대학교 캠퍼스

교육

미국 생활의 다른 많은 부분과 마찬가지로 교육에서도 미국
인들은 연방 성부의 개입을 반대한다. 이민자들은 연방 정부
가 주도하는 교육 시스템이 없다는 사실에 놀라움을 표하는
경우가 종종 있다. 대부분의 학교 기금은 주 정부 차원에서 지

원되며, 각 지역에서는 교육 과정 선정 및 행정 절차를 관장하는 교육 위원회를 선출한다. 교육의 수준은 매우 다양하며, 지역 학교 교육의 질에 따라 가족이 이사하는 경우도 많다. 때로 교육 위원회의 결정에 외부 집단의 의견이 영향을 미칠 수 있는데, 예를 들면, 이들은 특정 이론을 교육 과정에 포함하거나 일부 도서를 도서관에서 금지하거나, 성 소수자나 노예제도에 대한 불편한 진실에 대한 언급을 피하도록 만들 수 있다. 오늘날에도 『허클베리 핀의 모험』이나 『앵무새 죽이기』와 같은 작품이 인종 관련 내용으로 논란이 되기도 한다. 일부에서는 『해리 포터』 시리즈가 판타지를 조장한다고 여긴다.

대다수 어린이는 주에서 운영하는 공립학교에 다니지만 사립학교나 홈스쿨링을 선택하는 부모도 많다. 유대교나 천주교 교구처럼 종교 기관에서 운영하는 학교에서는 공립학교에서 금지하는 종교 교육을 받을 수도 있다.

정규 교육 과정 이외의 활동 역시 자녀 교육에 중요한 요소이다. 아이들은 음악, 스포츠, 과학, 예술, 그리고 지역사회 봉사활동에 참여하면서 견문을 넓히고 새로운 기술을 배운다.

마찬가지로 노동관에 관한 교육도 일찍부터 시작된다. 사회경제적 배경과 상관없이 모든 미국 어린이들은 길거리 레모네이드 가판대를 통해 최초의 경제적 독립을 맛보게 된다. 어린 시절 용돈을 벌기 위해 단순한 집안일을 돕는 것에서 시작해 신문 배달이나 아이 돌보기 등을 경험하고 시간이 지나면 주말에 지역 상점이나 식당에서 아르바이트하는 식으로 발전하게 된다.

일부에서는 이처럼 꽉 짜인 일정으로 가족과 아이들 모두 스트레스를 받는다고 말한다. 그러나 전반적으로 미국의 어린이들은 바쁘게 생활하는 과정에서 한층 성장하는 것으로 보이며, 성인기에 필요한 사항과 책임감을 갖추는 준비를 하는 경우가 많다.

【 고등 교육 】

학생은 누구나 정부 대출, 장학금, 보조금 등 다양한 지원과 함께 학업을 계속할 수 있다. 실제로 미국은 다른 어떤 나라보다 고등 교육을 받는 비율이 높다. 2022년, 18세에서 24세 사이 미국인의 절반 가까이는 대학생이었다. 25세 이상 성인 약 3명 중 1명은 4년제 혹은 2년제 대학의 학위를 가지고 있었으며, 13%는 석사 학위 이상 소지자였다.

미국의 교육 시스템은 깊이 있는 교육보다는 폭넓은 교육에 중점을 두며, 학생들은 4년제 학사 학위 과정에서 3학년이 되어서야 전공을 선택한다.

또 다른 특징 중 하나는 교육 시스템의 융통성이다. 미국에서는 한 대학에서 취득한 학점을 다른 대학으로 이관할 수 있고, 전공 변경 시에도 이전 학점을 인정받을 수 있다.

그렇다면 다른 선진국보다 교육에 더 많이 투자하는 미국이 학업 성취도 평가에서는 세계 하위권에 머무르는 이유는 무엇일까? 교육의 질과 수준이 이질적인 상태에서 학생 대부분이 일정한 커리큘럼을 마치고 특정 시험을 통과하기만 하면 되는 시스템을 거치기 때문이다. 교육학자들은 미국에서는 대학원 수준에서만 진정으로 전문적인 교육을 받을 수 있다고 지적한다. 미국에는 세계에서 가장 명성이 높은 대학원이 많

• 학교 •

'대학(college)', '대학교(university)' 혹은 '학교(school)'는 대체로 혼용 가능한 표현이다.

이 있다. 학사 과정을 마친 후 석사 학위를 취득하는 데에는 추가로 2년에서 3년이 걸리며, 박사 학위까지 취득하려면 최장 8년이 걸린다.

인구의 3분의 1이 학사 학위를 가지고 있는 미국 사회에서는 그 이상의 차별화가 필요할 것이다. 따라서 학위를 취득한 대학의 이름이 중요한 역할을 한다. '아이비리그'에 속하는 8개 사립대학교 중 한 곳의 졸업장이 평생의 '프리패스'로 간주될 수 있다. 그러나 우수한 다른 대학들도 많다. 미국인은 자신들의 모교가 유명하다고 생각하며 자부심을 품고 학교명을 언급한다(비록 외국인 방문객은 하버드나 예일 정도만 들어봤을지라도 말이다). 미국 교육 시스템의 또 다른 특징 중 하나는 비싼 학비이다. 거의 4,000개에 달하는 고등 교육 기관 중 약 절반이 비싼 학비를 내야 하는 사립대학으로, 대체로 뛰어난 평판을 받으면서도 비교적 학비가 저렴한 공립대학(주립대학)에 대비된다.

고등 교육을 받기 위해서는 그만한 대가를 치러야 한다. 공식 통계에 의하면 2022년 공립대학에 재학하며 '적당한' 예산으로 생활하는 데 드는 비용은 등록금과 생활비 등을 포함해 연간 약 3만 5,000달러에 달하며, 사립대학의 경우 연간 약 5만 3,000달러까지 상승한다. 따라서 많은 가정에서는 아이가 말을 배우기도 전에 이미 대학 학비를 마련하기 위한 저축을 시작한다. 대다수는 대학에 다니면서 생활비를 벌기 위해 아르바이트를 하거나 학자금 대출을 받는다. 즉, 많은 학생이 대학 졸업과 동시에 빚을 떠안고 사회생활을 시작한다는 뜻이다. 대학 재학 중 잠재적 소득 손실로 인한 기회비용과 학자금 대출 이자를 합산하면 학사 학위 취득에 40만 달러 이상의 비용이 드는 것으로 추산된다.

일상

다양한 가족 형태가 있듯이, 직장과 근무 형태도 다양하다. 어떤 사람들은 출퇴근을 위해 매일 한 시간 동안 꽉 막힌 도로를 이동한다. '재택근무자'는 아이를 돌보며 주방에서 책상까지 이동한다. 우수한 직원을 보유하고 싶어 하는 기업은 사내 보육 시설과 유연근무제, 남성들을 위한 육아 휴직 등을 제공한다. 코로나19 이후 많은 회사가 재택근무를 선택할 수 있도록 했다.

코로나19가 발생하기 전에는 거의 60%에 달하는 여성들이 직장을 가지고 있었으며, 전체 노동 인구의 절반 이상을 차지했다. 전업주부를 선택한 여성들도 아이들의 픽업, 지역사회 자원봉사, 학업, 운동, 각종 집안일 등을 병행하며 바쁜 일상을 보냈다. 팬데믹 기간에 남성보다는 여성이 더 많이 직장을 그만두었고, 봉쇄 조치가 끝난 후에도 육아에 대한 책임 증가로 남성보다 직장 복귀에 더 많은 시간이 걸렸다.

식사는 이동 중 차 안에서, 혹은 근무 중 노트북 앞에서 먹는 경우도 많다. 저녁 식사 시간은 가족이 모여 하루 동안 있었던 일에 관해 이야기를 나누는 유일한 시간일 수 있다. 이야

일리노이주 시카고의 아침 출근길

기 주제는 국제 뉴스부터 학교 숙제까지 다양하다. 메뉴는 포장해 온 중국 요리나 이탈리아 요리, 해동한 냉동식품, 직접 요리한 음식 등 다양하다.

시간은 소중하며, 하루 일정은 빡빡하게 짜여있으므로 사람들은 방해받는 것을 좋아하지 않는다. 친구나 가족을 방문할 때는 보통 먼저 전화를 해야 하며, 집에서는 전화와 문자를 받지 않는 사람들도 있다. 이메일, 문자 메시지, 음성 사서함으로 업무 시간과 여가 시간의 경계가 모호해지면서 저녁 시간에 전화나 컴퓨터를 사용하거나 내일 일정에 추가할 일이 무엇인지 확인하는 데 시간을 보내는 경우도 많다. 2022년에는 미국인 90%에 가까운 사람들이 적어도 한 대 이상의 스마트 기기를 보유하게 되었을 정도로 누구나 가지고 있는 스마트폰 덕분에 이제 모든 가정에서 온라인 세계에 접속할 수 있게 되었다.

편의를 위해 식료품은 일주일에 한 번 대형 슈퍼마켓에서 대량으로 구매하는 경우가 많다. 미국에 처음 온 사람들은 슈퍼마켓의 한쪽 통로가 아침 식사용 시리얼이나 파스타 소스로만 가득 채워져 있는 모습을 보고 선택의 폭이 넓다며 즐거워하거나 혹은 당황할 것이다. 상점의 영업시간은 매우 다양하다. 소규모 상점의 경우 대체로 오전 9시부터 오후 6시까지 영업한다. 교외 지역에 있는 슈퍼마켓은 오후 8시나 9시까지 영업하는 경우가 많으며, 일부 편의점(주로 주유소에 붙어있는 경우가 많다)은 자정까지 영업한다. 대도시에서는 모퉁이에 있는 식료품점이나 일부 슈퍼마켓이 24시간 문을 연다. 전체 소비자의 10% 정도는 매장에 직접 가는 번거로움을 피해 온라인으로 식료품을 주문한 후 배달받거나 매장에서 픽업한다. 이 수치는 2026년까지 두 배로 늘어날 것으로 보인다.

06

여가 생활

미국인들은 열심히 일하고 그만큼 열심히 논다. 업무 공간을 운동 시설이나 정원으로 바꾸기도 하지만, 업무에 쏟는 에너지와 집중력을 여가에도 똑같이 쏟는다. 미국인들이 말하는 '금요일이라 다행이다(TGIF)'라는 표현은 주말을 최대한 즐겁게 보내겠다는 의미이다!

미국인들은 열심히 일하고 그만큼 열심히 논다. 업무 공간을 운동 시설이나 정원으로 바꾸기도 하지만, 업무에 쏟는 에너지와 집중력을 여가에도 똑같이 쏟는다. 미국인들이 말하는 '금요일이라 다행이다TGIF'라는 표현은 주말을 최대한 즐겁게 보내겠다는 의미이다!

교외에 사는 미국인 가정의 전형적인 토요일 아침 풍경은, 세차를 하고, 잔디를 깎고, 집안일을 하는 모습일 것이다. 미디어에서 접하는 미국인의 이미지는 소파에 늘어져 있는 모습이나 라이크라 스포츠웨어를 입고 격한 운동을 즐기는 모습이 많지만, 사실 대부분은 그 중간 어디쯤 속한다. 대자연은 미국인의 놀이터나 마찬가지다. 소위 일벌레들도 시간을 내 골프, 등산, 사이클, 스키 등을 즐긴다. 훌륭한 커뮤니티 시설과 정부지원 프로그램 덕분에 다른 나라에 비해 더 많은 사람이 더 다양한 여가활동을 즐길 수 있다. 집 근처에 있는 농산물 시장, 벼룩시장, 골동품 가게를 둘러보거나 동호회 모임을 조직할 수도 있다.

미국인은 개인주의적이기도 하지만, 동시에 '함께하는 것'을 즐긴다. TV 시청은 여전히 가장 많은 사람이 여가를 즐기는 방법이지만, 미국인 10명 중 6명은 적어도 하나의 모임에 소속되어 있다. 모임의 종류는 로터리 클럽(세계 최초의 봉사 단체-옮긴이)이나 라이온스 클럽(텍사스에서 시작된 봉사 단체-옮긴이)과 같은 지역 시민 단체, 특정 이익 단체, 스포츠 클럽 등 다양하다. 아이가 유소년 야구단에 속해있다면 부모들은 단순히 관전만 하지 않고 코치처럼 활동에 참여할 가능성이 크다.

휴가

대다수 미국인의 연차 휴가는 2주에 불과하다. 따라서 공휴일을 끼워 넣어 긴 주말여행을 떠나는 식으로 휴가를 보충하기도 한다. 그러나 이 기간에 대륙을 넘어 장거리 여행을 떠나는 미국인들이 많다는 사실은, 휴가조차 정신없이 바쁘게 보내야 하는 미국인이 많다는 의미이기도 하다. 대조적으로, 학교의 여름 방학은 10주에서 12주 사이로 긴 편인데, 이는 오래전 아이들이 가족 농장에서 일손을 도와야 했던 전통에서 시작했다. 오늘날에는 초등학교 6학년 어린이가 집에서 농장 일을 돕는 경우는 많지 않기 때문에 일하는 부모는 방학 기간 동안 아이들이 바쁘게 지내며 독립심을 기를 수 있게 도와주는 다양한 지역 프로그램과 합숙 캠프에 자녀들을 참여시킨다.

지칠 때까지 쇼핑하기

미국인은 쇼핑을 좋아한다. 미국의 경이로운 소비지상주의를 어떻게 설명할 수 있을까? 노동의 정당한 결실일까, 아니면 계급 없는 사회에서 남보다 경제적으로 우월하다는 과시일까? 단순히 소비재가 너무 싸기 때문에 고장 난 헤어드라이어를 수리하기보다는 새로 구매하는 편이 더 합리적이라고 여겨지고, 이에 미국은 일회용 사회라는 인식이 생겨난 것일 수도 있다. 끊임없는 변화에 대한 미국인의 갈망이 만들어 낸 사회적 트렌드는 올해 유행하는 제품을 구매한 많은 미국인이 2~3년 후에는 새로운 제품을 구매하는 현실을 반영한다.

다른 나라에서는 사치품으로 여겨지는 다양한 물건을 미국에서는 생활필수품으로 간주한다. 출퇴근을 위해 세컨드 카를 보유하는 사람도 많다. 누구나 자기 전 침실에서 노트북이나 스마트폰, 혹은 아이패드를 사용한다. 높은 인건비와 사생활 보호에 대한 욕구는 가사 도우미 대신 노동력을 절감하는 가전제품을 구매하도록 만들었고, 덕분에 시간과 에너지를 더 가치 있는 일에 활용할 수 있게 되었다. 미국인은 물건을 구입하고 결제할 방법은 얼마든지 있다는 사실을 잘 알고 있다. 다른 나라와는 달리 카드 빚에 허덕인다고 해서 부끄럽다고 여기지 않는다.

쇼핑은 쉽다. 영수증이 있다면 묻지도 따지지도 않고 상품을 교환 혹은 환불받을 수 있다. 거스름돈을 정확히 세기 전에 대부분 주에서는 많은 품목에 판매세(가장 높은 캘리포니아주에서는 7.25%이며, 알래스카, 델라웨어, 몬태나, 뉴햄프셔, 오리건주에는 판매세가 없다)를 부과한다는 사실을 기억해야 한다. 백화점에서는 거의 모든 주말 연휴에 세일 행사를 한다.

쇼핑몰은 교외 지역의 생활 중심지이다. 가족들은 몰에서 쇼핑하고, 식사하며, 영화를 본다. 청소년들은 몰에서 아르바이트를 하거나 친구들과 어울린다. 노인들은 친구들과 함께 쇼핑몰 주위에서 파워 워킹을 하기도 한다.

이런 추세는 앞으로도 지속될까? 오늘날 미국인 75% 이상은 정기적으로 온라인 쇼핑을 하며, 미국인이 인터넷에서 가장 많이 이용하는 서비스 역시 온라인 쇼핑이다. 그러나 꾸준히 연간 1조 달러의 매출을 향해 나아가고는 있지만, 전자상 거래 시장은 여전히 전체 미국 지출의 20%를 밑돌고 있다. 미국인은 구매하기 전에 직접 제품을 만져보고, 느껴보고, 입어보고 싶어 하며, 미국인들 대다수는 스마트폰이나 노트북에서 제품을 확인한 후 오프라인 매장을 직접 방문해 구매한다.

결제 방법

호텔 및 렌터카 예약에 필수인 신용카드와 직불카드는 미국 전역에서 널리 사용된다. 일반적으로 비자, 마스터, 아메리칸 익스프레스 카드가 여행자에게 가장 편리하다. 뉴욕의 택시를 비롯해 대부분의 카드 결제는 스마트폰을 이용하거나 비접촉식으로 결제가 가능하다. 일부 은행에서는 선불카드도 사용할 수 있지만, 비용이 더 들 수도 있다. 여행자 수표는 이제 급속도로 시대에 뒤떨어진 결제 방법이 되어가고 있다.

팁 등 현금이 필요한 경우 도시의 거의 모든 길모퉁이에 있는 ATM에서 찾을 수 있으며, 외국에서 발행된 은행 카드도 대부분 사용할 수 있다. 미국 지폐의 경우 크기와 색상이 모두 같으므로 돈을 내기 전에는 얼마짜리인지 잘 살펴보아야 한다.

스포츠

코치로부터 '단체 정신'을 배우는 7세 아이들의 지역 야구단에서부터 대형 스포츠 비즈니스에 이르기까지 미국인의 스포츠 사랑은 엄청나다. 명문대학은 학문적 성과뿐 아니라 스포츠에서도 탁월한 성적을 내기 위해 경쟁한다. 수천 달러에 달하는 대학의 스포츠 장학금을 받을 유망한 고등학교 선수들을 발탁하기 위해 전문 스카우터가 파견되기도 한다. 프로 선수들의 연봉은 천문학적 수준이다. 스포츠와 비즈니스 간에 전문 용어가 혼용되는 경우가 늘어나면서 두 분야의 경계는 더욱 모호해졌다. 스포츠 분야 '명예의 전당'에 이름을 올린 선수는 미국 내에서 영화배우만큼이나 인기를 누리며 평생 존경받는다.

미국인은 자국의 스포츠 및 스포츠에 얽힌 어린 시절의 기억, 부수적인 행사 등 스포츠와 관련된 모든 활동을 좋아한다. 동료들끼리 모여 주말 경기에 대해 '월요일 아침 쿼터백 세션(경기 후 분석)'을 끝내고 나서야 사무실에서는 본격적인 업무를 시작한다. 미국에서 가장 인기 있는 3대 스포츠인 농구, 미식축구, 야구의 프로 및 대학 팀 경기는 TV 중계방송이건 경기장 관람이건 상관없이 엄청난 인기를 끈다. 축구와 아이스하키, 그리고 전미 스톡 자동차 경주 대회인 나스카NASCAR가 그 뒤를 잇는다. 미국인은 고향을 떠나 살더라도 항상 고향의 스포츠 팀을 응원한다.

각 경기의 규칙을 이 책에서 모두 설명하기에는 너무 복잡하다. 하지만 야구장이나 바에서 스포츠 경기를 즐기는 열성적인 미국인을 만난다면 그들은 기꺼이 복잡한 경기 규칙을 당신에게 설명해 줄 것이다.

【야구】

야구는 미국에서 '국민 오락'이라는 애칭으로 불리고 있다. 또한 키나 몸무게에 상관없이 모든 남성이 즐기는 가장 대중적인 스포츠로 묘사된다. 몸에 꼭 맞는 독특한 세로줄 무늬 유니폼이 야구 선수의 올챙이배를 감추지는 못할 것이다. 그렇다고 해서 미국인이 지금까지 추억하는 옛 브루클린 다저스(현재의 L.A. 다저스-옮긴이) 팀의 야구 선수가 "운동 선수답지 않다."라고 말하지는 않아야 한다.

메이저리그 팀, 즉 '메이저'는 아메리칸 리그와 내셔널 리그의 두 리그로 나뉘며, 각 리그에는 15개 팀이 소속되어 있다.

로스앤젤레스 다저 스타디움 관중석에서 바라본 전경

4월부터 10월까지 정규 시즌이 끝나면 '포스트 시즌'이 시작된다. 포스트 시즌인 페넌트 레이스에서 우승한 팀은 리그 챔피언이 되어 7전 4선승제로 이루어지는 월드 시리즈에 진출하게 된다(잠깐, 미국 스포츠 경기인데 왜 '월드' 시리즈라고 부를까? 2005년 캐나다의 몬트리올 엑스포스가 워싱턴 D.C.로 연고지를 이전한 후, 캐나다의 유일한 메이저리그 구단인 토론토 블루제이스가 아직 남아있기 때문이다).

야구는 미국인에게 다른 어떤 스포츠에도 없는 향수를 불러일으킨다. 브루클린 출신인 팔순 노인에게 어린 시절 사랑하던 브루클린 다저스 팀이 L.A.로 연고지를 옮긴다는 소식을 들었을 때의 충격에 관해 물어보라. 미국인들에게 야구는 '세 븐스 이닝 스트레치'처럼 관객이 참여하는 휴식 시간, 이때 흘 러나오는, 관객들과 함께 부르는 응원가, 맥주와 프레즐, 팝콘 과 같은 전통이 깃든 참여형 스포츠이다.

【농구】

농구는 1891년 목사였던 제임스 네이스미스가 활동적인 YMCA 청소년을 위해 새로운 게임을 찾던 중, 체육관 벽에 복 숭아를 담아두던 바구니를 못으로 박아 걸어놓으면서 시작되 었다. 미국 스포츠 중 전 세계에 성공적으로 수출된 스포츠는 농구가 유일하다. 방문객은 미국 어디를 가든 농구공이 튀어 오르는 소리를 들을 수 있다. 지역의 공공시설 내 농구 코트에 서 '픽업 게임(삼삼오오 모여 팀을 구성한 후 즐기는 농구 게임-옮긴이)'을 하며 친구를 사귀기도 한다. 교외의 도로에서 '슛 연습'을 하는 10대들은 제2의 르브론 제임스를 꿈꾼다.

미국농구협회NBA는 1946년에 결성되었다. 시즌은 9월부터 이듬해 4월까지 진행되며, 30개의 프로 팀은 두 '콘퍼런스'로 나뉘어 있다. 4월과 5월에는 플레이오프가 열리며 각 콘퍼런

뉴욕주 스코샤 지역에서 농구를 즐기는 청소년들

스의 상위 8개 팀이 챔피언십을 놓고 경쟁한 후 최종 우승자 두 팀은 6월에 열리는 NBA '월드' 챔피언십에서 만난다(또 '월드'인가? 캐나다 농구 팀도 한 팀 있다).

전미대학체육협회^{NCAA}에 358개 팀이 소속되어 있으며 프로 리그에 필적하는 열성적인 팬층을 보유하고 있다. 대학 시즌의 하이라이트는 '3월의 광란'이라고 불리는 전미 대학 농구 선수권 토너먼트로 68개 팀이 참가한다.

전미여자농구협회^{WNBA}는 1996년에 창설되었으며, 현재 12개의 프로 팀이 있다. 가장 인기 있는 올스타전은 7월에 열리며, 9월 플레이오프를 거쳐 10월 결승에 오른 두 팀 간 '5전 3선승제'로 시즌이 마무리된다.

【미식축구】

미식축구는 영국의 럭비 경기에서 변형된 스포츠로, 일반적인 축구와는 다르다. 1800년대 후반 대학에서 처음 시작된 미식축구는 당시 지나치게 거친 운동이라고 여겨졌기 때문에 시어도어 루스벨트 대통령이 이를 더 안전한 경기로 수정하도록 했다. 오늘날 미식축구는 헬멧과 보호장비로 완전히 무장한 채 이루어지며, 힘만큼이나 속도와 전략이 중요한 스포츠이다.

미식축구리그NFL는 총 32개 팀을 2개의 '콘퍼런스'로 나눈다. 17개 경기가 치러지는 정규 시즌은 보통 9월에서 12월까지 진행되며, 각 콘퍼런스에서 상위 6개 팀이 1월 플레이오프에 참가한다. 최종 두 팀은 '슈퍼볼'에 진출하여 최종 우승을 놓고 경쟁한다(이번에는 '월드'가 아닌가? 아니다. 캐나다 미식축구 팀은 없기 때문이다).

1월 말, 혹은 2월 초에 열리는 '슈퍼볼 선데이'는 미국에서 1년 중 가장 주목을 받는 스포츠 행사일 것이다. 경기 그 자체뿐 아니라 기발한 맥주 광고와 화려한 하프 타임 공연으로 챔피언 결승전의 TV 시청률은 1위를 차지한다. 친구들이 함께 모이고, TV를 시청하는 동안 먹을 간식 판매가 급증하며, 나라 전체가 떠들썩하게 된다.

가을 대학 시즌의 하이라이트는 대학 리그 챔피언들이 펼치는 '대학 미식축구 선발 경기'로 L.A. 패서디나에서 열리는 '로즈볼'이 가장 규모가 크다.

• 미식축구는 제츠, 야구는 메츠, 농구는 네츠? •

야구, 농구, 미식축구, 아이스하키는 NBA의 마이애미 히트, NFL의 댈러스 카우보이스처럼 팀 이름에 현재 연고지를 넣지만, 팬들과 아나운서는 지역 이름은 빼고 '브레이브스' 혹은 '레이커스'처럼 부르는 경우가 많다. 예를 들어 디트로이트를 연고지로 하는 팀에는 야구의 타이거스, 농구의 피스턴스, 미식축구의 라이언스, 아이스하키의 레드윙스가 있다. 스포츠마다 2개 팀과 여자 농구 팀까지 지원하는 뉴욕을 연고지로 하는 팀은 더 많다(총 9개 팀 중 3개 팀의 이름이 뉴욕으로 시작한다).

더욱 혼란스러운 점은, 전광판에는 도시 이름만 표시된다는 사실이다. 또한 일부 팀은 별명을 사용하기도 한다. 야구의 뉴욕 양키스는 브롱크스 폭격기라는 이름을, 오클랜드 애슬레틱스는 A's를 사용한다.

【축구】

미국의 전통 스포츠는 아니지만 프로 축구는 큰 인기를 끌며 미국에서 가장 인기 있는 스포츠 4위(관람의 경우 3위)에 올랐다. 어린이들은 놀이터에서 공을 차고 놀면서 축구를 시작하고 시간이 지나면 토요일 오전 리그나 여름 캠프에 참여하면서 축구를 즐긴다. 현재 미국 프로 축구의 메이저리그MLS에는 미국 26개 팀과 캐나다 3개 팀이 있으며, 여자축구리그NWSL에는 14개 팀이 있다.

1994년 미국에서 FIFA 월드컵이 개최되기도 했지만, 미국 남자 축구 대표팀은 아직 세계 무대에서 큰 두각을 나타내지는 못하고 있다. 반면 1991년 이후 네 차례의 월드컵 우승과 네 차례의 올림픽 금메달을 획득한 여자 대표팀은 세계 무대

그 밖의 주요 스포츠 행사
내셔널 아이스하키 리그―10월에 시즌을 시작해 이듬해 5월 말에서 6월 초에 스탠리컵 챔피언십으로 마무리된다.
US 오픈 골프―6월 중순
US 오픈 테니스―8월 말~9월 초
켄터키 더비(경마)―5월 첫 번째 토요일
나스카(전미 스톡 자동차 경주 대회)―최고 인기 레이스는 2월 '데이토나 500'과 5월 '인디애나폴리스 500'이다.

에서 상위 랭크를 차지한다.

외식 문화

미국인들은 친목활동을 위해, 편의성 때문에, 혹은 단순히 특별 할인 아침 식사나 뷔페의 가격이 저렴해서 등 여러 가지 이유로 외식을 한다.

치킨파이, 맥앤치즈, 미트로프와 같은 미국인의 '소울 푸드'가 있기는 하지만 패스트푸드를 제외하면 미국인만의 대표적인 국민 요리를 떠올리기는 어렵다. 인기 있는 음식들은 대부분 이민자가 고향에서 먹던 음식이 미국화된 경우가 많다.

지역별로 베어클로(곰 발톱), 팝오버, 저키, 검보 같은 재미있는 이름을 가진 음식을 찾아볼 수 있다. 남부 요리는 프랑스, 멕시코, 그리고 아프리카계 미국인 문화의 영향을 많이 받았다. 남부의 '소울 푸드'는 치킨 스테이크, 그레이비소스를 곁들인 비스킷, 햄 호크 스튜, 콜라드 그린이다. 그중 루이지애나주는 케이준이나 크리올 스타일 요리의 본고장이다. 이 지역에서 가장 인기 있는 요리는 가재 수프, 메기구이, 잠발라야(햄, 소시지, 새우 등을 곁들인 밥) 등이다. 멕시코식 엔칠라다, 부리토, 파히타, 살사 역시 멕시코 국경의 북쪽에 사는 미국인들의 열렬한 사랑을 받고 있다.

중서부 유럽에서 온 음식으로는 스칸디나비아식 생선 요리, 폴란드식 만두, 독일식 소시지가 있다. 북동부에서는 다양한 민족의 전통 음식이 대중적인 음식으로 자리 잡았다. 뉴욕의 거리 축제 노점에서는 유대인식 크니쉬(으깬 감자와 치즈 등을 넣고 구운 빵-옮긴이), 그리스식 시금치 페이스트리, 이탈리아식 치티(파스타의 일종-옮긴이)와 카놀리(달콤한 크림이 들어간 튜브 모양 페이스트리-옮긴이)를 판매하는 광경을 볼 수 있다. 또한 세계 일류의 랍스터 요리와 볼티모어 크랩 케이크는 말할 것도 없고, 품질이 우수하기로 유명한 지역 특산물인 메이플 시럽, 칠면조, 옥수수, 호박 등도 유명하다.

반대편 지역에서는 동서가 만나 퓨전 요리가 탄생했다. 예를 들어 멕시코의 살사를 곁들인 태평양산 연어 요리, 몬태나산 소고기에 채소와 아시아의 면을 넣고 함께 볶은 요리 등이 있다.

미국에서는 아침이나 간단한 점심 식사를 주문할 때도 결정해야 할 사항이 끝도 없다. "커피에 넣을 저지방 우유의 유

위쪽부터 소시지와 새우를 곁들인 매콤한 케이준식 잠발라야, 남부식 콜라드 그린과 베이컨, 감자를 넣은 유대인식 만두 모양 빵 크니쉬

지방은 1%나 2% 중 어느 쪽을 선택하시겠어요?"라든가 "두유, 귀리 우유, 아몬드 우유, 크림, 아니면 우유 반 크림 반으로 하시겠어요?" 같은 질문은 흔하다. 달걀을 요리하는 방법만 해도 열 가지가 넘고, 샌드위치용 빵에도 셀 수 없는 종류가 있으며 샐러드의 드레싱 종류도 말도 못 하게 다양하다. 산더미 같은 팬케이크를 주문하면서 곁들일 메이플시럽을 '저칼로리'로 선택하는 행동에 무슨 의미가 있겠나 싶지만, 미국인들은 그렇게 한다.

【 바비큐 전쟁 】

야외 요리를 뜻하는 '쿡아웃'은 보통 바비큐를 의미한다. 반면 '쿡오프'는 텍사스, 사우스캐롤라이나, 켄터키주의 요리사들이 각 주를 대표해 최고의 요리사라는 타이틀을 걸고 바비큐 전쟁에서 경쟁하는 연례 요리 대회이다.

【 감자튀김도 추가하시겠어요? 】

햄버거와 그 사촌들로 구성된 패스트푸드는 말할 필요도 없이 미국인의 삶에서 빼놓을 수 없는 요소이다. 세계 어디에서나 햄버거를 먹을 수 있으며, 미국 본사의 정책 덕분에 어디에서 먹든 맛에는 큰 차이가 없다.

　그러나 미국인이 점심 식사로 '초대형' 사이즈 포장 음식(종종 아침과 저녁 식사도)을 먹게 되면서 자신들도 '초대형' 사이즈가 되어가고 있다. 값싸고 편리하며, 영양가는 낮지만 지방 함량이 높은 고열량 '식사'는 비만을 심각한 미국의 사회 문제로 만들었다. 소파에서 좀처럼 일어나지 않는 생활 습관과 엄청나게 마셔대지만 그저 설탕물에 불과한 음료수 역시 원인이다. 소아비만 인구는 한 세대 만에 세 배로 증가했으며, 미국 어린이 6명 중 1명은 심각한 과체중이다.

【 커피 문화 】

미국인은 차보다 커피를 선호하지만, 단순히 커피 한 잔을 주문하는 행위를 논문을 쓸 수준의 전문 분야로 끌어올린 공로는 시애틀에서 시작한 커피 프랜차이즈 스타벅스에 있다. 많은 사람이 노트북 옆에 카페라테 한 잔을 올려두고 회의부터 인터뷰까지 해결하며 스타벅스, 혹은 비슷한 커피전문점을 '제2의 사무실'처럼 사용한다.

【 차 마실 때 주의해야 할 사항 】

세련된 고급 레스토랑이 아니라면, 차를 주문했을 때 우아함과는 거리가 먼 뜨거운(그렇다고 펄펄 끓는 정도는 아닌) 물 한 컵과 티백, 티스푼, 그리고 '하프 앤드 하프(유지방이 10~12%가 되도록 만든 크림-옮긴이)'가 나올 것이다. 남부 지역에서 차를 주문하면, 설탕을 넣은 아이스티와 비슷한 '스위트 티'를 원하는지 종업원이 물을 것이다(중요한 팁: 차를 마실 때 나오는 '뜨거운' 물은 보통 홍차를 우리기에는 부족하지만, 녹차를 우려내기에는 나쁘지 않은 온도이다).

【 마지막 한 잔 】

미국의 바는 각기 모습이 다양하지만, 대체로 유럽의 카페나 영국의 펍처럼 가족 친화적이거나 사교적인 분위기는 아니다. 맥주 회사는 로키산맥의 깨끗한 물로 만든 미국 맥주는 맛이 남다르다고 자랑하지만, 방문객들은 그 때문에 미국 맥주가 유럽 맥주보다 맛이 약하다고 불평한다. 그러나 소규모 양조장 맥주부터 수입 병맥주에 이르기까지 맥주 애호가들을 위한 선택지는 매우 다양하다. 또한 캘리포니아와 오리건주의 토양 덕분에 세계적인 수준의 와인이 생산된다. 많은 바에서

바텐더에게 주문할 때
스트레이트업(Straight up)—물이나 얼음 없이 마실 경우
온더록스(On the rocks)—음료에 얼음을 넣어달라고 요청하는 경우
위드 어 트위스트(With a twist)—레몬 조각을 추가해달라고 요청할 경우
솔트 어라운드 더 림(Salt around the rim)—마르가리타 주문 시 취향에 따라 잔의 테두리에 소금을 묻히는 경우

는 이른 저녁 시간 '해피아워'를 운영하며 대폭 할인된 가격에 주류를 판매한다. 바텐더에게는 음료를 주문할 때마다 약간의 팁(1달러 정도)을 주는 것이 관례이다.

주류 판매를 규제하는 법은 주마다 다르다. 대부분 주에서 음주가 가능한 최저연령은 21세이며, 주류를 판매하는 시설에 입장하기 전 생년월일을 확인할 수 있는 사진이 부착된 신분증(보통 운전면허증)을 제시해야 한다.

【식사 예절】

여유로운 미국 문화의 식사 예절에 까다롭거나 서둘러야 한다는 규칙은 없다. 그러나 친구들과 함께 외식할 때는 '더치페이'가 일반적으로, 보통 사람 수만큼 균등하게 나눠서 계산한다. 또한 적어도 음식값의 15% 정도는 팁으로 남겨야 한다는 사

아 라 모드—파이에 아이스크림 한 덩어리를 올린 것.

PBJ—땅콩버터와 잼을 바른 샌드위치. 미국인이 가장 좋아하는 샌드위치로 보통 포도 잼을 바른다.

BLT—베이컨, 양상추, 토마토가 들어간 샌드위치.

히어로—길고(30cm 이상) 속을 가득 채운 빵. '서브머린(잠수함이라는 뜻-옮긴이)'의 줄임말로 '서브'라고도 부른다.

소다—콜라나 사이다 같은 탄산음료의 총칭. 탄산수는 '클럽 소다'나 '셀처'라고 부르며, 클럽 소다에는 소금이 들어있다.

서니 사이드 업—한쪽 면만 익힌 일반적인 달걀 프라이.

원스 오버 이지—양쪽 면을 익힌 달걀 프라이.

실을 기억해야 한다(뒤쪽의 '팁을 줄 때' 글 참조).

미국인들은 일반적으로 오른손에 칼을 들고 음식을 자른 다음 칼과 포크를 양손에 바꾸어 쥔다. 칼은 접시 위에 놓고 한 입 크기로 자른 음식을 오른손에 든 포크로 먹는다.

치킨이나 감자튀김, 햄버거, 타코 등 손으로 집어 들고 먹는 음식이 많기에 격식을 차리지 않은 식사에서도 냅킨이 필요하다. 대체로 음식의 양이 많으므로 매우 고급스러운 식당을 제외하고는 남은 음식을 '도기 백(원래 개에게 가져다줄 음식이라는 의미지만, 현재는 식당에서 먹다 남은 음식을 포장해 가는 것을 의미한다-옮긴이)'으로 포장해 달라고 요청할 수 있다. 요즘에는 먹다 남은 해산

물 리소토를 포장해 가면서 정말로 개에게 가져다주는 척하는 사람은 없다.

· 팁을 줄 때 ·

미국에서 서비스업에 종사하는 많은 근로자는 최저임금을 받으면서 일하기 때문에 대다수가 팁에 의존할 수밖에 없다는 사실을 알고 있어야 한다. 팁 금액은 지역에 따라 다르지만 보통 관광지, 대도시, 고급 호텔, 레스토랑, 미용실에서는 더 높다.

일반적으로 택시 기사에게는 요금의 15% 정도에 해당하는 금액을 팁으로 낸다. 미용실에서는 10~15% 정도이다. 호텔의 벨보이나 공항의 포터에게는 가방 하나당 1달러가 일반적이지만 대학 전공 서적이나 스키처럼 무거운 짐일 경우 더 많이 주기도 한다.

식당에서 내는 팁은 보통 음식 가격의 15% 정도이지만, 카운터석에 앉으면 이보다 더 적게 줄 수 있다. 뛰어난 서비스를 제공하는 고급 식당에서는 20%까지도 팁으로 낸다.

계산서에 추가되는 주 세금이 보통 8% 정도이기 때문에 많은 미국인은 팁을 계산할 때 간단하게 주 세금의 두 배로 계산한다. 이는 팁과 세금을 더하면 실제 음식 가격의 25% 이상을 추가로 지불해야 한다는 의미이다.

【 불법적인 연초 】

담배 연기가 자욱한 재즈 바는 이제 과거의 일이다. 영화관, 공연장, 버스, 기차, 비행기는 수년 전부터 금연 구역이었으며, 현재 미국 인구의 거의 절반이 직장, 술집, 식당에서 흡연이 허용되지 않는 도시에 살고 있다(미국인 대다수가 이러한 장소 중 적어도 한 곳에서는 흡연이 금지된 곳에 거주한다). 흡연에 관해서는 주법이 적용되며, 지역에 따라 다소 상이하다. 흡연자라면 규정을 확인하고 모든 표지판 규칙을 준수해야 한다. 담배에 불을 붙이면서 사람들이 아무 말도 하지 않을 것이라고 기대하면 안 된다. 미국인들은 말한다.

【 합법적인 대마초 】

많은 주에서 적어도 의료 목적의 대마초는 합법이며, 기호식품으로 허용하는 주도 늘어나고 있다. 21세 이상 성인 3명 중 1명 이상이 이미 대마초를 정기적으로 피우고 있으며, 미국인의 3분의 2는 연방 정부가 국가 차원에서 공식적으로 대마초를 합법화하기를 바란다. 그때까지는 대마 연초를 피우거나, 대마유가 들어간 전자 담배를 한 모금 빨거나, 해시 브라우니(대마 성분이 들어간 브라우니-옮긴이)를 허겁지겁 먹기 전에 미리 지역의 관련 법을 확인해야 하며, 무엇을 피우든 흡연 구역에 관한 규정에 유의해야 한다. 물론 대마초를 피우고 운전해서도 안 된다!

문화

오랫동안 미국인은 유럽의 상류층 문화를 들여왔다. 19세기가 되어서야 미국은 자신들만의 고유문화를 진지하게 받아들이기 시작했다. 미국은 자국민의 경험과 영향력을 융합해 전 세계에 미국만의 독특한 예술과 문화를 각인시켰다. 미국에는 세계 최고 수준의 박물관과 갤러리가 있으며, 방문객들은 미국인들이 창의적인 예술을 위해 어떤 공헌을 했는지도 살펴볼 필요가 있다.

미국은 민주적이고 융통성 있는 문화를 만들어 내는 데 능숙하다. 일부 미국인들은 여전히 오페라 공연에 가기 위해 정장을 차려입지만, 대체로 공연장에서는 평상복 차림도 괜찮다. 칵테일 드레스를 입기도 하지만 반바지와 샌들 차림으로 가는 사람도 있다.

값비싼 오페라나 교향악단 공연도 있지만 다양한 무료 야외 공연, 비교적 저렴한 지역 공연, 실험적인 연극도 얼마든지 있다. 누구나 자신의 취향과 예산에 맞는 공연을 찾을 수 있다. 티켓을 구매할 때는 지역 정보를 활용하면 크게 절약할 수 있으므로, 친구나 호텔 직원에게 문의해 지역 주민이 알고 있는 할인된 가격에 티켓을 구입하라. 대도시에는 뉴욕 타임스퀘어의 TKTS 센터 부스처럼 미판매된 당일 공연 티켓을 저렴하게 구할 수 있는 곳이 있으며, 앱을 통해서도 현재 구매 가능한 티켓을 확인할 수 있다.

【연극】

미국의 극작가들은 미국의 사회 문제에 정면으로 맞서며 여러 세대의 관객층에 재미와 감동을 선사해 왔다. 아서 밀러, 유진 오닐, 테너시 윌리엄스, 에드워드 올비, 데이비드 마멧, 오거스트 윌슨, 토니 커쉬너, 존 궤어 등은 세계적으로 널리 알려진 미국의 극작가이다. 타임스퀘어 일대에 모여있는 뉴욕의 '브로드웨이'는 연극과 뮤지컬의 중심지이며, 모든 주요 도시마다 공연을 즐길 수 있는 극장가가 있다.

【 뮤지컬 】

영국에 뮤직홀이 있다면 미국에는 보드빌이라고 불리는, 버라이어티쇼에서 발전한 브로드웨이 뮤지컬이 있다. 〈쇼보트〉, 〈회전목마〉, 〈브로드웨이 42번가〉 같은 고전 작품은 꾸준하게 재연하는 뮤지컬이다. 어빙 벌린, 콜 포터, 프랭크 로서 같은 작곡가들은 브로드웨이에서 활동하며 화려한 볼거리 사이에 미국적인 주제, 유머, 아픔을 녹여낸 작품을 만들었다. 리처드 로저스와 로렌즈 하트의 뮤지컬은 20세기 전반 브로드웨이와 할리우드를 점령하다시피 했다. 1948년 리처드 로저스가 작사가인 오스카 해머스타인과 손잡고 탄생시킨 뮤지컬 〈오클라호마〉는 노래와 춤이 공연의 흐름을 '중단시키는' 요소가 아닌, 이야기를 '이끄는' 요소로 인정받는 작품의 시발점이 되었다. 뮤지컬 〈컴퍼니〉와 〈스위니 토드〉를 탄생시킨 불멸의 천재 스티븐 손드하임은 장르를 불문하고 잊히지 않는 강렬한 뮤지컬 음악과 가사를 만들어 냈다. 최근에는 디즈니 영화 및 TV에서 성공한 작품을 뮤지컬로 재탄생시킨 작품들이 브로드웨이에 등장했으며, 많은 작품에 앨런 멩컨이 작곡가로 참여했다.

• '오프 브로드웨이' •

뉴욕에서 '오프 브로드웨이'와 '오프 오프 브로드웨이'라는 용어는 '그레이트 화이트 웨이(흔히 브로드웨이라고 부르는 극장이 모여있는 뉴욕의 거리-옮긴이)'와의 근접성을 나타내는 말이 아니다. 이는 대체로 극장의 규모를 뜻하는 용어이지만 공연의 종류를 나타낼 수도 있다. 브로드웨이 대형 극장에서는 화려한 뮤지컬이, 오프 브로드웨이 극장에서는 일반적인 연극이, 오프 오프 브로드웨이 극장에는 흥미롭고 실험적인 작품이 주로 무대에 오른다.

【 오페라와 교향곡 】

민간 자선 단체의 후원 덕분에 대부분 도시에는 자체 교향악단이 있으며 몇몇 도시에는 오페라단도 있다. '메트'라고도 불리는 뉴욕 메트로폴리탄 오페라 극단의 공연을 비롯해 많은 오페라 라이브 공연이 매진되기도 한다.

아마도 가장 미국적인 '클래식' 음악은 조지 거슈윈과 에런 코플런드의 음악일 것이다. 미국 흑인의 리듬과 이야기에 영향을 받은 조지 거슈윈(1898~1937년)은 피아노 협주곡 〈랩소디 인 블루〉와 오페라 〈포기와 베스〉로 잘 알려져 있다. 에런 코플런

뉴욕 맨해튼 미드타운에 있는 유명 공연장 카네기홀

드(1900~1990년)는 교향곡, 오페라, 영화 및 발레 음악에 미국의
풍광과 정서를 담아냈다. 다른 중요한 작곡가로는 미국뿐 아니
라 영국에서도 뛰어난 재능을 발휘한 새뮤얼 바버, 브로드웨
이 고전 뮤지컬 〈웨스트 사이드 스토리〉를 작곡한 레너드 번
스타인이 있다.

클래식 음악을 후원하는 애호가들은 현대 음악을 경계하
기로 유명하다. 링컨 센터에서 열리는 뉴욕 여름 페스티벌에서

는 '대부분 모차르트의 음악'을 연주한다는 점을 강조하며 정규 회원들을 끌어모으고 있다. 그러나 필립 글래스, 스티브 라이히, 존 애덤스로 대표되는 '미니멀리즘' 작곡가는 점점 더 많은 인기를 얻고 있다.

미국인의 '애국심'을 음악으로 표현한다면 어떨까? 바로 존 필립 수자의 행진곡이 될 것이다. 군대의 행진이나 화려한 불꽃놀이에는 어김없이 그가 작곡한 〈성조기여 영원하라〉가 흘러나온다. 가장 미국적인 경험이라면, 공원에 앉아 미국인이 가장 좋아하는 곡을 연주하는 클래식 오케스트라 '보스턴 팝스'의 무료 콘서트를 감상하는 것이다(물론 불꽃놀이 배경은 필수이다).

【음악】

미국 음악을 접하는 가장 좋은 방법은 아마도 자동차로 미국을 횡단하는 경험일 것이다. 스트리밍 음악 서비스 대신 지역 FM 음악 방송을 들으면 뉴욕의 랩, 켄터키의 블루그래스(1940년대 말에 생겨난 초기 컨트리 음악-옮긴이) 기타 연주, 마이애미의 라틴 음악, 내슈빌의 컨트리 음악, 루이지애나의 흑인 음악 자이데코, 그리고 화창한 날씨를 자랑하는 캘리포니아의 서핑 음악을 모두 경험할 수 있다. 휴식하기 위해 들른 경유지에서 라이브 음악을 즐길 수도 있다. 대학가에서는 신예 밴드의 음악을, 교회에서는 성가대의 가스펠(복음성가)을, 주요 공연장에서는 유명 록 밴드의 음악을 접할 수 있다.

미국의 목화밭과 교회에서 처음 시작된 아프리카계 미국인의 블루스와 가스펠은 이후 재즈와 '리듬 앤드 블루스R&B'로 발전했다. 진정한 미국 예술의 시초라고 여겨지는 재즈는 뉴올리언스의 거리 광장과 장례식 행렬에서 처음 시작되었으며, 래그타임(재즈의 전신인 피아노 연주 음악-옮긴이), 스윙, 빅 밴드(주로 10명 이상으로 구성된 재즈 오케스트라-옮긴이), 비밥(1940년대 초중반 미국에서 유행한 자유분방한 재즈 음악-옮긴이) 등 다양한 형태로 발달했다. 제임스 브라운과 척 베리가 발전시킨 R&B는 엘비스 프레슬리에 이르러 대중적인 인기를 얻었다. 흑인 음악가와 프로듀서들은 1960년대 디트로이트의 모타운 레이블 소속 가수들의 소울 음악, 1970년대의 디스코 음악, 1980년대 랩과 이후 힙합 등을 거치며 현대 음악 발전의 선두에 섰고, 오늘날까지 전 세계 음악 시장에서 영향력을 발휘하고 있다.

패스트푸드와 마찬가지로, 미국의 팝, 록, 힙합에 관해서는 두말할 필요가 없다. 현대 음악은 미국에서 가장 성공한 문화 수출품이나 다름없으므로 미국에서 인기 있는 음악이라면 누

로큰롤의 제왕
엘비스 프레슬리(1968년)

모타운 레코드사의 전설이자 소울 음악의 왕자
마빈 게이(1973년)

구나 한 번쯤 들어본 적이 있을 것이다.

하지만 그 반대는 아니다. 다른 나라의 많은 유명 음악인들이 언어 장벽에 가로막혀 미국 음악 시장 진출에 실패했다. 미국인들은 자신들이 접하는 음악과 영화에서 영어를 듣고 싶어 한다. 미국에서 시작된 테하노 음악(멕시코와 미국의 음악을 융합한 대중음악-옮긴이)뿐 아니라 스페인어로 된 다른 장르 역시 대중적인 인기를 얻지 못했다. 예외적으로 미국에서 유행을 선도하는 장르는 케이팝K-Pop으로, 주로 한국어 가사에 영어가 한두 마디 들어가는 형식이다.

【도서】

문학은 미국의 경험을 깊고 넓게 탐구한다. 에드거 앨런 포의 공포 및 미스터리, 랠프 월도 에머슨과 헨리 데이비드 소로의 초월주의 및 이상주의, 대표적인 '잃어버린 세대' 작가 어니스트 헤밍웨이의 아드레날린을 솟구치게 하는 작품, 그리고 아프리카계 미국인의 경험을 생생하게 묘사한 작품까지 미국을 대표하는 문학 작품은 수없이 많다. 스콧 피츠제럴드, 윌리엄 포크너, 존 스타인벡과 같은 위대한 작가들은 20세기 세계의 중심으로 등장하는 미국의 모습을 포착했다. 미국 탐정 소설의 거장 레이먼드 챈들러와 대실 해밋은 범죄로 얼룩진 대도시의 비열한 거리를 맛보게 해주었다. 존 업다이크와 존 치버는 교

존 스타인벡(1939년)

외 및 소도시에 사는 미국 중산층 삶의 이면을 보여주었다. 또한 다작으로 유명한 스티븐 킹은 여전히 우리를 서스펜스의 세계에 빠져들게 만든다.

현재 미국에서 판매되는 책의 절반 정도는 아마존에서 판매되지만, 프랜차이즈 서점과

지역 독립 서점도 여전히 버티고 있다. 일부 독립 서점은 코로나19 록다운 기간에 도서 픽업 서비스를 제공했으며, 봉쇄 정책이 끝나고 책에 굶주린 독자들이 다시 서점에서 책을 둘러볼 수 있게 되자 이전의 모습을 되찾았다.

북클럽은 문학 작품을 즐기는 사람들에게 인기 있는 취미로, 소규모의 사람들이 정기적으로 만나 와인과 안주를 즐기며 최신 소설을 비평하는 모임이다.

【시각 예술】

주요 도시에는 적어도 한 곳 이상의 미술관이 있으며, 대체로 백만장자가 유럽에서 휴가를 즐길 때 하나둘씩 수집해 모아둔 개인 소장품에서 시작된 곳들이다. 미국은 미술 분야에서 후발 주자로 시작했지만, 제임스 휘슬러나 앤디 워홀과 같은 뛰어난 예술가의 등장과 함께 빠르게 성장했다. 많은 위대한 미국 화가들의 작품은 완성되자마자 물감이 채 마르기도 전에 갤러리와 컬렉터에 의해 수집되었기 때문에 외국인 방문객에게는 이들의 이름이 아직 낯설 수 있다.

새로운 사람들을 만나기 위한 최고의 방법을 찾고 있는가? 두꺼운 외투는 코트룸에 두고 뉴욕의 '메트(이번에는 오페라가 아니

뉴욕 메트로폴리탄 미술관의 고대 이집트 덴두르 신전

라 메트로폴리탄 미술관이다)'를 둘러보며 겨울 오후 시간을 즐겨보라. 반 고흐의 「아이리스」나 잭슨 폴록의 작품에 대해 누군가와 대화를 시작하게 될 수도 있다(대화 주제인 작품만 다를 뿐, 워싱턴, 시카고, 보스턴, 필라델피아 등지에서도 마찬가지다).

미국은 시각 예술 분야에서 여전히 개척자이다. 회화, 조각, 드로잉뿐만 아니라 사진, 그래픽 디자인, 민속 예술을 주제로 하는 박물관과 전시회를 찾아보자.

【영화】

미국은 영화를 발명한 나라는 아니지만, 충분히 그 이상의 역할을 해 왔다. 할리우드라는 천국에서 예술, 과학, 대기업, 영화, 그리고 미국은 완벽한 하모니를 만들어 냈다. 디즈니에서 스필버그에 이르기까지, 메리 픽퍼드(무성 영화 시대에 대활약한 미국의 여배우-옮긴이)에서 메릴 스트립에 이르기까지, 그리고 〈바람과 함께 사라지다〉에서 〈타이타닉〉에 이르기까지, 미국 영화 산업의 위대함을 증명하는 요소는 그야말로 끝도 없다. 미국 영화는 세기를 뛰어넘어 우리의 감성을 형성해 왔으며, 그 과정에서 문학이 할 수 있는 많은 역할을 대신했다. 지금 이 시대 대중의 생각과 사상을 표현하는 영화는 미국인의 정신세계를 예리하게 꿰뚫어 보는 도구이다.

일부에서는 할리우드 블록버스터가 미국인의 삶에 대한 세계의 인식을 왜곡하며 '지나치게 단순화'해 왔다고 한탄한다. 지역 쇼핑몰의 멀티플렉스 영화관이 만화책 영웅을 소재로 한 영화들에 점령당하기는 했지만, 대부분 도시에는 독립 영화와 외국 영화를 좋아하는 마니아들의 욕구를 채워주는 예술 영화관도 있다. 또한 주옥같은 저예산 영화들이 TV를 통해 방영되는 경우도 늘어났다.

【TV】

미국 가정의 99%는 적어도 한 대 이상 TV를 보유하고 있으며, TV 방송은 여전히 가장 인기 있는 대중 매체이다. TV라는 '바보상자'는 ABC, CBS, NBC와 같은 전국 방송망에서 시작해, 폭스 및 지역 방송국, 유니비전과 같은 스페인어 방송 채널과 광고 없는 공영 방송 채널에 오랫동안 의존해 왔다. 이후 케이블과 위성 TV가 등장하자 수십 개에서 지역에 따라 수백 개가 넘는 전문 채널이 대거 쏟아져 나와 각 가정에 방송되기 시작했다. CNN, MSNBC, 폭스 뉴스와 같은 24시간 뉴스 채널은 물론 MTV, 니켈로디언, ESPN, 애니멀 플래닛, 코미디 센트럴 등 전문 채널이 등장했으며 라디오 채널 역시 수십 개가 넘는다. 추가 요금을 내면 HBO, 쇼타임, 그리고 다른 유료 채널을 통해 '언제든지' 최신 영화와 독점 방송을 시청할 수 있다.

인터넷의 발달로 점점 더 많은 가정에서 TV 안테나와 케이블 대신 뛰어난 해상도를 자랑하는 대형 평면 TV, 노트북, 그리고 스마트폰을 가정용 와이파이에 연결하고 있다. 넷플릭스, 애플 TV, 훌루, 아마존과 같은 OTT 서비스 플랫폼은 여가 생활을 위한 최신 영화뿐 아니라 원하는 대로 선택할 수 있는 우수한 프로그램을 제공한다. 개봉하자마자 집에서도 시청할 수 있는 영화라고 해서 기대치가 낮다거나 흥행 성적이 저조한 영화라는 의미가 아니다. 대부분의 신형 TV에는 이러한 프리미엄 서비스를 사용할 수 있는 기능이 탑재되어 있다.

오늘날 TV는 놀랍도록 다양한 오리지널 프로그램을 제공하며, 고화질 해상도 화면은 스포츠 경기장의 생생한 분위기까지 전달하지만, 여전히 많은 프로그램이 되풀이되고 있다. 뉴스 전문 채널은 정치적 편향성을 공공연하게 드러내며, 사실을 전달하기보다는 의견에 치우친 내용으로 시간을 때우는 경우가 많다. 지역 뉴스의 저녁 방송 시간에는 여전히 언어적인 요소보다 시각적인 요소가 넘쳐 난다. "피가 나오는 기사가 히트 치는 기사"라는 말이 있을 정도다. 현명한 시청자는 '공영 방송 시스템PBS'을 선호할 것이다. 시청자의 기부금과 기업의 후원으로 운영되는 공영 방송은 정부와는 아무런 관련이 없으며, 뉴스 분석 및 교육 관련 프로그램과 영국에서 수입된 프로그램을 송출한다.

영화에 오스카상이 있다면 TV 프로그램에는 에미상이 있다. 볼 만한 TV 프로그램을 찾고 있다면, 이 시상식의 최근 후보작부터 살펴보는 것도 좋다.

【 라디오와 인터넷 스트리밍 서비스 】

TV와 마찬가지로 미국인들이 소리를 듣는 방식에도 커다란 변화가 일어나고 있다. 2021년 CBS 방송사가 실시한 여론조사에 따르면 미국인 41%(18~34세의 경우 61%)가 스트리밍 서비스를 이용하며, 전통적인 라디오 방송을 청취하는 경우는 31%에 불과한 것으로 나타났다. 미국 내 유일한 위성 라디오인 시리우스XM은 전체 차량의 절반 이상에 설치되어 선명한 음향과 다양한 프로그램을 제공하고 있다. 스포티파이나 애플 뮤직과 같은 온라인 음원 스트리밍 플랫폼은 디지털 음악 시장에서 구독자를 확보하기 위해 경쟁하고 있다. 따라서 이용료를 낼 마음이 있다면, 광고를 듣는 것보다 훨씬 낫다.

또한, 거의 모든 주제를 다루는 팟캐스트 서비스도 있다. 일반적으로 매일 혹은 매주 업데이트되며, 전 세계 팟캐스트 청취자 중 미국인이 차지하는 비중은 절반을 넘어선다. 애플에서만 50만 개에 이르는 다양한 팟캐스트 프로그램이 제공된다. 현재 미국인에게 가장 인기 있는 팟캐스트 장르는 코미디이며, 그다음은 뉴스이다. 전국적으로 1만 5,000개가 넘는 AM과 FM 방송국에는 여전히 열성적인 팬이 있다. 주파수를 바꾸기만 하면 록, 팝, 어반, 컨트리, 가스펠, 그리고 어린 시절

(혹은 부모님의 어린 시절)에 듣던, '옛것이 좋다'고 느껴지는 음악 중에서 여행에 딱 어울리는 채널을 찾을 수 있을 것이다. 브루노 마스보다 베토벤이 더 좋다면, 몇 개 남지 않은 클래식 방송 채널 중 하나를 찾을 수 있다. 또한 다른 팟캐스트와 마찬가지로 뉴스, 정치, 종교, 스포츠에 대해 청취자 전화 참여를 통해 몇 시간이고 떠들며 시간을 채우는 방송도 있다.

끝없는 광고에서 벗어나고 싶은가? 공영 방송 TV와 마찬가지로 공영 라디오 채널은 시사하는 바가 큰, 깊이 있는 프로그램을 제공하는 신뢰할 만한 방송이며 많은 대학 방송국에서도 광고 없이 음악을 내보낸다.

【게임】

미국의 비디오 및 온라인 게임 시장의 규모는 어마어마하다. 미국인이 게임에 지출한 금액은 2021년 한 해에만 370억 달러로 추산되며, 이는 영화와 음악에 대한 지출을 합산한 금액보다 훨씬 크고, 앞으로도 점점 더 늘어나리라고 예상된다. 미국인의 3분의 2 이상이 컴퓨터 게임을 하며, 젊은 층만 놓고 본다면 게임 인구는 거의 100%에 가깝게 급증한다. 게임을 하는 미국인은 평균 33세로, 14년간 게임을 해 왔으며, 일주일에

14시간 이상 게임을 한다. 또한, 거의 여성일 가능성이 크다.

주의 사항: 미국에서 '게임'이라는 단어는 '도박'을 의미하기도 하므로 두 단어를 혼동하지 않도록 유의해야 한다.

07

여행 이모저모

대도시의 인상적인 스카이라인부터 입이 떡 벌어질 정도로 아름다운 국립공원에 이르기까지, 매력적인 미국 여행지들을 마주하게 되면 어째서 많은 미국인이 자국의 영토에만 머무르면서도 만족할 수 있는지 이해가 가기 시작한다. 일평생 이 거대한 나라 안에서만 해도 매년 휴가를 즐길 수 있을 정도로 충분한 여행지가 있기 때문이다.

"젊은이들이여, 서부로 가라,

서부로 가서 이 나라와 함께 성장하라."

호러스 그릴리(1811~1872년)

식민지 이후 미국에 관한 이야기는 여행과 탐험에 관한 내용
이 주를 이룬다. 1달러 동전에 새겨진 원주민 여성 새커거위아
의 도움을 받아 태평양 원정을 성공적으로 마친 '루이스 클라
크 탐험대'의 초기 발견, 수많은 가족을 서부의 새로운 보금자
리로 데려다준 개척 시대 대형 포장마차 '프레리 스쿠너', 카
우보이의 전설을 낳은 1860~1870년대의 소몰이, '대서양 연안
에서 태평양 연안까지' 6개월이 걸렸던 대륙 횡단을 단 일주일
로 단축한, 1869년 완공된 최초의 대륙 횡단 철도, 쉐보레의
스포츠카 가죽 시트에 앉아 AM 라디오에서 흘러나오는 넬슨
리들의 음악을 들으며 '미국의 메인 스트리트'로 불리는 루트
66(미국 동서를 잇는 최초의 대륙 횡단 고속도로-옮긴이)을 달리는 동안
펼쳐지는 20세기 모험에 관한 이야기 등이 그 예이다.

　아메리카 원주민을 제외하면, 미국은 보잘것없는 나무배를
타고 거친 대서양을 용감하게 건넜거나, 비행기를 타고 뉴욕
JFK 공항을 통해 미국이라는 새로운 세상에 용기 있는 첫발

을 내디딘 이민자의 후손들이 사는 나라이다.

앞서 언급했듯이, 미국 인구의 3분의 1만이 최신 여권을 소지하고 있다(코로나19 이전에는 해외로 휴가를 떠나는 사람들이 꾸준히 증가하고 있었다). 대도시의 인상적인 스카이라인부터 입이 떡 벌어질 정도로 아름다운 국립공원에 이르기까지, 매력적인 미국 여행지들을 마주하게 되면 어째서 많은 미국인이 자국의 영토에만 머무르면서도 만족할 수 있는지 이해가 가기 시작한다. 일평생 이 거대한 나라 안에서만 해도 매년 휴가를 즐길 수 있을 정도로 충분한 여행지가 있기 때문이다.

미국에서는 눈부시게 다양한 풍광과 상상할 수 있는 모든 액티비티를 즐길 수 있다. 역사에 관심이 있는가? 머스킷 총을 들고 버지니아의 남북전쟁을 재현해 놓은 프로그램에 참여해 보라. 아드레날린이 솟구치는 경험을 하고 싶은가? 유타주에서 백컨트리 스키를 즐기거나, 콜로라도주에서 급류 래프팅을 경험해 보라. 현실에서 벗어나고 싶은가? 디즈니 월드나 라스베이거스에서 환상의 나라에 빠져들어 보라. 평생 기억에 남을 활동이 선택이 어려울 정도로 다양하게 준비되어 있다!

이 책은 여행 정보를 총망라한 가이드북은 아니다. 다양한 예산과 관심사에 맞춘 훌륭한 여행 서적과 인터넷 정보가 이

미 넘쳐 난다. 하지만 흔한 관광지에서 벗어나 진짜 미국과 미국인을 경험하고 싶은 사람들을 위해 이 책에서는 두 가지 조언을 하고자 한다. 첫째, 여러 도시를 둘러보기보다는 한두 지역을 깊이 있게 탐색해 보라. 둘째, 모텔과 패스트푸드 체인점을 피하고, 획일적이고 상업적인 서비스가 아닌 지역 고유의 색깔과 문화를 경험할 수 있는 B&B(숙박과 아침 식사를 제공하는 시설-옮긴이)와 식당을 선택하라.

도착

이 책에서는 코로나19 관련 여행 제한 조치가 시행되지 않는다고 가정하므로 출발 전에 최신 정보를 미리 확인해야 한다.

미국 국토안보부는 모든 여행 서류를 엄격하게 심사한다. 방문객은 일반적으로 여권, 비자, 왕복 항공권이 필요하다. 유럽 및 일부 국가 출신 방문객에게는 비자면제프로그램VWP이 적용되는 경우가 많지만, 디지털 사진이 들어간 전자 여권을 소지해야 한다. 국적에 따라 글로벌 엔트리 및 넥서스와 같이 입국 과정을 신속하게 처리할 수 있는 프로그램이 적용될 수 있으니 국토안보부 웹사이트에서 확인해야 한다. 학생처럼 장기 체류하는 방문객은 별도의 입국 비자와 재정 증명이 필요하다. 여권 및 기타 관련 서류에 기재된 정보가 정확하지 않으면 공항에 도착하자마자 바로 집으로 되돌아가야 할 수도 있다. 의문이 들 경우(특히 비자 인터뷰가 필요한 경우라면), 여행 몇 주 전에 거주지에서 가장 가까운 미국 대사관이나 영사관에 문의하는 편이 좋다.

입국 및 세관 신고서를 작성해야 하며, 신고서는 도착 직전에 비행기나 배에서 받을 수 있다.

미국에 도착하면(대부분 공항일 것이다) 가장 먼저 출입국관리소에 들러 방문 목적, 체류 기간, 여행지에 관한 질문에 답해야 한다(조언 1: 이 질문들에 대한 답변을 미리 준비해 두자). 일부 공항에서는 키오스크에서 몇 가지 정보를 미리 수집할 수 있다. 그 후에는 짐을 찾고 세관을 통과하면 된다(조언 2: 위험을 감수하지 마라. 세관 및 국경 순찰대의 웹사이트인 www.cbp.gov를 미리 확인해 문제가 될 만한 물건을 소지하고 있지는 않은지 미리 알아보는 것이 좋다).

그러면 이제 드디어 미국이다. 렌터카를 예약했다면, 렌터카 회사의 안내데스크로 가거나 무료 전화 서비스를 이용하자. 예약 없이 렌터카를 이용하고 싶은 경우에도 마찬가지다

(운전면허증과 신용카드를 준비하라). 호텔이나 중심 지구로 가는 버스, 기차, 택시를 이용하려면 터미널 밖으로 나가(공항에 따라 조금 혹은 꽤 걸어야 할 수도 있다) 안내 표지판을 찾아야 한다. 안내데스크나 유니폼을 입은 직원에게 도움을 요청할 수도 있다. 무면허 택시나 개인 명의 차량 업자가 유혹할 때도 있다. 기다리는 시간이 길어지더라도 무시하고 '정식 승차장'에서 공인된 택시를 타는 것이 가장 좋다. 공인된 택시는 대부분 미터기를 사용하지만, 도시마다 다를 수도 있다.

여행하기

위엄을 뽐내는 도심에서 주변으로 뻗어나간 교외 지역까지, 미국은 개인 교통수단을 이용하는 사람들을 기준으로 설계되었다. 말과 마차에서 자동차로 이동 수단이 바뀌자, 20세기 도시 계획가들은 미국의 넓은 대지를 최대한으로 활용한 커뮤니티를 고안했다. 전 세계의 많은 사람은 매일 아침 마을의 상점이나 시장으로 걸어가서 필요한 물건을 산다. 미국 교외에 사는 가족은 일주일에 한 번씩 집에서 몇 킬로미터나 떨어진 가장

뉴욕 시내 조감도

가까운 쇼핑 센터로 미니밴을 몰고 가서, 드넓은 주차 공간이
갖춰진 대형 슈퍼마켓에서 산 물건을 트렁크에 가득 싣는다.
뉴욕과 같이 극심한 교통 체증과 엄청난 주차비가 주는 불편
을 편리한 대중교통 시스템으로 상쇄하는 대도시에 거주하지
않는 한, 자동차는 미국 생활에 없어서는 안 될 필수품이다.
전 세계 인구의 5%에도 미치지 못하는 미국이 도로를 이용하
는 운송에만 전 세계 석유 생산량의 14%를 소비한다는 사실
은 놀랍지 않다. 전기 자동차 생산 시설 구축을 위한 정부의
투자는 향후 이 수치를 줄이는 데 도움이 될 것이다.

자동차 여행이 주는 낭만을 포기할 수 없는 사람들은 미국에서 '난폭 운전'이 심각한 문제로 알려진 것과는 달리, 실제 미국 운전자들은 특별히 더 공격적이지도, 그렇다고 더 예의 바르지도 않다는 사실을 알게 될 것이다. 미국인들은 또한 번호판을 보지 않고도 앞차의 운전자가 어느 주에서 왔는지 알 수 있다고 말한다. 실제로 운전 스타일에는 지역별로 큰 차이가 있다(특히 보스턴 사람들 말이다!).

【 렌터카 】

공항 또는 주요 도시 외곽에 있는 렌터카 업체의 경우 비용이 더 저렴하겠지만, 렌터카 매장은 미국 곳곳에 있다. 고급 세단과 스포츠카부터 예산이 넉넉하지 않은 사람을 위한 저렴한 자동차까지 선택의 폭은 넓다. 전기 자동차EV도 쉽게 이용할 수 있다. 배터리 방전에 대한 두려움으로 '주행거리 불안증'을 겪는 운전자도 있지만, 요즘에는 배터리 성능 개선 및 잘 갖추어진 도시 내 충전 인프라 덕분에 전기 자동차는 대부분 좋은 선택이 될 수 있다. 렌트를 할 때는 차량의 크기, 세금, 의무 보험 가입 여부, 연비 등을 고려하여 가장 유리한 조건을 찾아야 한다.

【 운전면허증 】

대부분의 렌터카 업체는 외국에서 발급한 운전면허증을 허용하지만, 국제 운전면허증을 소지한다면 사진이 부착된 영문 신분증으로 요긴하게 쓸 수 있다. 국제 운전면허증은 운전면허증과 같은 국가에서 발급된 것이어야 한다.

【 내비게이션 】

미국에 머무르는 동안 장거리 자동차 여행(일부 지역에서는 어쩔 수 없는 선택이지만 실제로 미국을 둘러보는 좋은 방법이다)을 계획하고 있다면, 차량에 설치된 기기나 스마트폰으로 맵퀘스트 혹은 구글 맵과 같은 GPS 기반 내비게이션 서비스를 사용할 수 있는지 확인해 보아야 한다. '웨이즈'도 인기 있는 내비게이션 앱인데, 과속하기 위해서가 아니라 사용자 간 정보 공유 기능을 통해 교통경찰에 관한 정보를 제공하기 때문이다. 고속도로 휴게소의 편의점에서 운전자용 지도책을 살 수도 있다.

【 운전 중 기본 규칙 】

주마다 운전 관련 법규가 조금씩 다르다는 점에 유의하라. 그러나 미국 전역에서 안전띠 착용은 필수이며, 음주나 약물 복용 후에는 절대로 운전해서는 안 된다.

　미국의 차량은 우측통행을 한다. 좌회전할 때는 별도의 신호가 없는 한, 반대편에서 좌회전하기 위해 당신의 차를 마주 보고 정차한 차량의 앞쪽으로 지나간다. 우회전할 때는, 녹색 신호를 기다리라는 표지판이 있는 경우를 제외하고는 일단 멈춰 서서 왼쪽에서 오는 차량이 없는지 확인한 후, 안전이 확보되면 적색 신호에서 우회전할 수 있다. 하지만 뉴욕 시내에서는 적색 신호일 때 우회전할 수 없다는 사실을 명심하라.

　레이더를 장착한 고속도로 순찰대나 보안관은 차량의 제한 속도 위반 여부를 엄격하게 단속한다. 속도위반은 벌금이 엄청날 수 있다. 제한 속도는 도심지 도로의 경우 시속 89km, 시골 고속도로의 경우 시속 121km까지 다양하다. 도심 지역, 특히 학교 근처에서 운전할 경우, 구역마다 제한 속도에 변동이 잦을 수 있으므로 표지판을 잘 살펴야 한다. 도시에는 속도 제한뿐 아니라 구역마다 다양한 주의나 경고 사항을 알리는 교통 표지판이 설치되어 있다.

도로 유형

주요 도로에는 세 가지 유형이 있다. 문자 'I'는 주와 주 사이를 잇는 '주간고속도로(미국 전역을 연결하는 자동차 전용도로-옮긴이)', 'US'는 'US 고속도로(미국 본토 48개 주를 연결하는 도로망-옮긴이)', 그리고 'Rte'는 각 주에 있는 고속도로를 의미한다.

주간고속도로의 도로 번호 체계는 다음과 같다. 짝수 번호가 붙은 도로(예: I-80)는 남쪽부터 가장 낮은 번호로 시작해 동서를 연결한다. 홀수 번호가 붙은 도로(예: I-15)는 서쪽부터 가장 낮은 번호로 시작해 남북으로 뻗어있다.

'익스프레스웨이expressway'는 중간에 다른 도로와 연결되지 않고 전체 또는 부분적으로 차량 흐름이 통제되며 양방향이 분리된 고속도로이다. 진출입 램프가 있으며 통행료가 있을 수도 있고 없을 수도 있다. 익스프레스웨이라는 용어는 '스루웨이thruway'와 혼용될 수 있으며, '분리'는 양방향 차량 흐름이 시멘트나 철재로 만든 장벽이나 녹지 등으로 조성한 분리대로 나뉘어 있다는 의미이다.

반면 주로 도시와 도시를 연결하는 고속도로인 '하이웨이highway'는 익스프레스웨이와는 달리 도시를 우회하지 않고 통과하며, 분리되어 있을 수도 있고 아닐 수도 있다.

'턴파이크turnpike'는 대부분 유료도로이다. 일반적으로 상업적인 교통을 제한하며 분리대가 있는 고속도로인 '파크웨이parkway'와, 스루웨이, 익스프레스웨이에서는 통행료를 낼 수도 있다. 통행료는 보통 'E-Z 패스'처럼 차량에 장착된 태그를 사용해 자동 통과 시스템으로 지불한다. 렌터카를 이용하는 경우, 업체에 통행료에 관해 문의하면 된다. 요금소를 통과할 때 속도를 늦추는 것이 불편하지 않다면 여전히 현금을 사용할 수 있지만, 많은 요금소에서는 현금 결제를 중단했다.

비행기 여행

미국인들은 운전을 좋아하며 고속도로 시스템이 잘 발달해 있고 일반적으로 정비도 잘 되고 있다. 그러나 도로에서 거의 하루 또는 그 이상 걸리는 여행의 경우 두 번째로 선택하는 교통수단은 비행기로, 운행 노선이 있다면 기차보다 비행기를 선호하는 사람이 훨씬 더 많다. 먼 거리를 이동하는 여행객에게는 비행기와 자동차의 조합이 가장 좋은 선택이다.

수요보다 공급이 더 많은 국내선 항공편 시장은 구매자에게 유리하기 때문에, 여행자는 이를 현명하게 활용할 수 있다. 저가항공사의 등장과 항공사 간 운임 경쟁으로 여행자는 다양한 요금 중에서 원하는 항공권을 선택할 수 있다(때로 같은 좌석도 요금이 다르다). 트립어드바이저나 익스피디아처럼 항공료와 예약 가능 여부를 비교할 수 있는 다양한 앱과 웹사이트를 이용하는 방법이 가장 좋다. 여행 일정을 조절할 수 있다면 원하는 시점보다 훨씬 미리 판매하는 할인 항공권 중에서 최적 운임을 찾아보거나 땡처리 항공권 중에서 찾아볼 수도 있다. 비수기에 여행하거나 경유지를 거쳐 항공기를 갈아탄다면 비용을 더욱 절약할 수 있을 것이다.

예약을 완료했다면, 출발 직전 변경 사항이 생길 수 있으므로 항공사에 연락처를 남겼는지 확인해야 한다. 국내선에서는 사진이 부착된 신분증으로 여권을 요구할 수 있으며, 세관 및 입국심사를 거칠 필요는 없지만, 보안 검색은 국제선만큼 엄격할 수 있다. 전신 스캔이나 옷 위로 몸을 더듬는 신체검사, 모든 휴대 가방과 신발의 엑스레이 검사, 기내 액체류 반입 제한을 시행할 수 있다. 그 밖의 규정은 최신 공중 보건 관리 정책에 따라 달라질 가능성이 크다. 탑승 수속에 시간이 얼마나 걸리는지는 항공사의 안내를 따라야 한다. 항공기 출발 5분 전에 공항에 도착했다면 탑승 시간이 이미 지났다는 뜻이다!

짐을 부치고 찾는 동안 기다리는 시간을 절약하기 위해, 또는 일부 저가항공사가 위탁 수하물에 부과하는 비용을 절약하기 위해 많은 미국인이 짐을 모두 기내 수하물로 싣는다. 기내 수납 공간이 여유롭지 않을 것이다.

기차 여행

전미여객철도공사 암트랙은 미국인들에게 악명 높기로 유명하지만, 기차 여행은 여전히 넓은 미국 땅을 여유롭게 여행할 수 있는 수단이다.

암트랙의 도시 간 연결망은 장거리 버스 노선만큼 다양하지는 않으며, 운임은 비행기만큼이나 비쌀 때도 있다. 그러나 미국 전역에서 500개가 넘는 목적지를 운행하며, 역이 대부분 시내에 있으므로 공항을 오가는 데 드는 시간과 비용을 절약할 수 있다. 가장 이용이 편한 곳은 보스턴에서 뉴욕, 볼티모어, 필라델피아를 거쳐 워싱턴 D.C.에 이르는 북서쪽에 있는

객실에서 콜로라도 로키산맥의 경치를 바라보는 암트랙 열차 승객들

도시들로 많은 정기 노선이 운행되고 있다. 추가 비용을 내면 일부 구간에서 최고 시속 240km까지 달릴 수 있는 고속열차 아셀라를 타고 여행할 수 있다.

암트랙은 미국 전역에 30개 이상의 주요 노선이 있으며, 미국 내 대부분 주와 주요 도시를 운행할 뿐 아니라 일부 노선은 캐나다까지 연결된다. 암트랙 웹사이트 www.amtrak.com에서 운행 노선과 소요 시간을 확인할 수 있다.

버스 여행

영화에서는 종종 미국의 장거리 버스를 사회적 소외 계층이나 부적응자가 이용하는 여행 수단으로 묘사한다. 정류장은 다소 초라해 보이지만, 사실 버스 여행은 뉴욕에서 마이애미까지 28시간을 기꺼이 앉아서 이동할 준비가 된 베테랑 저예산 여행자에게 신뢰할 만한 서비스를 제공한다. 미국의 버스는 항공사보다 더 많은 구간을 운행하며, 비록 먹을 것을 직접 가져가야 한다는 단점은 있지만, 운행 중 이용할 수 있는 서비스도 비슷하다. 무엇보다 버스 여행은 '진짜' 미국인들을 만날 확실한 기회가 된다.

대중교통

미국은 자동차 의존도가 높은 국가이기 때문에 다른 나라처럼 대중교통이 구석구석 연결되어 있거나 효율적이지는 않다. 예외적으로 뉴욕, 워싱턴 D.C., 시카고, 샌프란시스코의 지하철은 대부분의 관광지를 운행한다. 그러나 러시아워에는 이용을 피하는 것이 좋다!

지역 버스의 서비스 수준은 매우 다양하며 요금을 내는 방법 또한 마찬가지다. 일부 회사의 버스는 승차장에 있는 기계에서 승차권을 사거나 미리 버스 카드를 사야 한다. 사전에 인터넷으로 요금을 내거나 회사의 앱을 내려받은 후 탑승 시에 스캔하는 경우도 늘어나고 있다. 물론 여전히 운전기사에게 직접 현금을 내는 곳도 있다! 탑승 전 미리 인터넷에서 확인하면 된다.

【택시】

택시는 일반적으로 미터제로 운영되며, 일부 지역에서는 표시등에 '빈 차for hire' 불이 켜져있는 택시를 길거리에서 바로 잡을 수 있다. 바쁜 사람들은 대부분 도시에서 우버나 리프트, 커브 같은 승차 공유 서비스 앱을 사용해서도 차량을 이용할 수 있다. 대도시 택시 기사의 특징 중 하나는 다양한 국가에서 온 이민자 출신이라는 점이다. 한 조사에 따르면 뉴욕에 새로 생기는 택시 기사 10명 중 9명은 84개국에서 온 이민자로 밝혀졌다. 이는 흥미로운 대화 소재가 될 수 있지만, 모든 운전기사가 목적지까지 가는 길을 당연히 알고 있다고 생각해서는 안

된다. 오늘날 운전기사 대부분은 내비게이션을 이용한다. 길에서 택시를 잡을 때도 신용카드로 요금을 내는 경우가 늘어나고 있으며, 앞에서 언급했듯이 팁을 준비해야 한다.

숙박

녹초가 된 여행자를 위해 예산과 취향에 맞는 숙박 시설이 준비되어 있다. 저렴한 유스호스텔부터 고급스러운 리조트, 온천 시설에 이르기까지 다양한 유형이 있다.

캠프장에서도 미국인이 휴가를 즐기는 방식을 경험해 볼 수 있다. 소박한 텐트부터, 휴가 기간에도 주방 싱크대를 포함한 온갖 편의 시설을 포기할 수 없는 사람들을 위한 대형 RV까지 다양하다. 특색 없는 고속도로 모텔이 아닌 적당한 가격대의 B&B나 시골의 여관에서 독특한 경험을 해보는 것도 좋다. 즐겨 찾는 예약 사이트에서 숙박 시설에 대한 이용자 평가와 할인 혜택을 찾아볼 수도 있고, 에어비앤비 같은 앱을 사용해 현지인의 생활 방식을 엿볼 수 있는 숙소를 예약하는 방법도 있다.

• "화장실이 대체 어딘가요?" •

미국에서는 가정집에 있는 화장실을 '배스룸', 공공시설의 화장실은 '레스트룸'
이라고 부르며 레스토랑이나 극장, 호텔에 있는 남자 화장실은 '맨스 룸', 여자
화장실은 '레이디스 룸'이라고 부른다.

【 화장실은 어디에 있나요? 】

미국을 방문하는 사람들은 종종 공중화장실이 부족하다는
사실에 놀라고 실망한다. 열차, 버스, 휴게소에는 대부분 화
장실이 있지만, 백화점이나 박물관, 레스토랑에 있는 화장실
의 시설이 훨씬 낫다. 고속도로의 휴게소는 교통량이 많음에도
불구하고 (어쩌면 교통량이 많으므로) 일반적으로 화장실이 잘 관리
되고 있다.

건강

미국은 여행하는 동안 병에 걸리거나 다칠 위험이 비교적 적은 여행지이지만(물론 코로나19 관련 개인위생 및 방역 지침을 지킨다는 가정하에), 방문객은 가급적 보장 범위가 넓은 건강 보험에 가입하는 것이 좋다. 미국은 건강 보험 시스템이 매우 복잡하며, 놀라울 정도로 비싸다. 정말로 응급한 상황이 아니라면 되도록 응급실 방문은 피해야 한다. 법적으로 응급실에서는 환자를 치료할 의무가 있지만, 치료를 받기까지 오래 기다릴 수 있으며 패혈성 인두염 같은 단순한 질환에도 1,000달러를 훌쩍 넘는 어마어마한 비용이 청구될 수 있다.

대신 24시간 운영하지는 않지만, 비응급 환자에게 진료를 제공하는 '얼전트케어'나 '워크인케어' 센터를 추천한다.

병원에서는 진단이나 치료를 하기 전에 환자의 신용카드나 보험 가입 증명서를 요구할 것이다. 정말로 치료를 받아야 하는 경우라면, 의료 수준은 매우 높으니 안심해도 좋다. 집에 돌아온 후에도 통증이 지속된다면 제대로 치료되지 않아서가 아니라 엄청나게 비싼 병원비 청구서 때문에 고통스러울 가능성이 크다.

【 떠나기 전 확인해야 할 사항 】

모든 상황을 예측할 수는 없으므로 보장 범위가 넓은 종합 여
행자 보험에 가입하는 것이 필수이다. 보험에는 의료비, 긴급
귀국 지원, 여행 지연 또는 취소, 항공권 분실, 소지품 도난 또
는 분실, 개인 배상책임 등에 대한 항목이 포함되어야 한다.
소지하고 있는 신용카드가 렌터카나 여행자 보험 서비스를 제
공하는지 확인하라.

안전 및 보안

미국은 세계에서 가장 안전한 여행지 중 하나이다. 서부 개척
시대나 금주법이 있던 시대로부터 전해져 내려온 악명 높은
이야기가 있기는 하지만, 대부분 도시에서는 범죄의 위험이 거
의 없고, 사람들은 친절하고 붙임성이 좋으며, 경찰은 어려움
을 겪는 여행자를 기꺼이 도와준다. 물론, 도시에서는 적절한
경계심을 가지고 주위를 잘 살펴야 한다.

개인 안전과 관련해서는 일반적인 상식에 따라 행동하면
충분하다. 혼잡한 지역에서는 소매치기를 조심하라. 어둡고 인

적이 드문 거리, 텅 빈 기차나 지하철은 피해야 한다. ATM을 이용할 때는 될 수 있으면 낮에, 이왕이면 은행 안에 있는 기기를 이용하는 것이 좋다. 지갑은 앞주머니에 보관하라. 여권과 귀중품은 호텔의 금고에 보관하는 것이 좋다. 여권과 비자, 항공권은 복사본을 마련하여 별도로 보관하라.

차량을 빌릴 때는, 한밤중에 시내를 배회해야 하는 상황을 피할 수 있도록 직원에게 원하는 목적지까지 가는 가장 안전한 경로를 설명해 달라고 부탁하라. 히치하이크는 권장되지 않으며, 지역에 따라 불법일 수도 있다. 무엇보다도, 카메라와 지도를 들고 돌아다니는 관광객처럼 보이지 않게 현지인과 잘 섞여들도록 노력하라. 오늘날에는 필요한 모든 것이 스마트폰에 있으므로 다행히도 이런 일이 이전보다는 쉬워졌다.

2001년에 발생한 9·11 테러 공격으로 보안에 대한 인식이 높아졌다. 따라서 비행기에 오르기 전까지 더 많은 시간이 걸릴 뿐 아니라, 공공장소 및 사무실이 밀집된 건물에서도 보안 검색을 하는 경우가 많다.

응급 상황이 발생했을 때

경찰, 소방관, 혹은 구급차가 필요하다면 911 무료 전화를 사용하면 된다.

【 총기 문제 】

수많은 총기 난사 사건의 잔혹한 이야기를 접한 외국인 방문객들은 왜 미국에서 총기 소지가 전면 금지되지 않는지 의문을 가진다. '무기를 소지할 권리(수정헌법 제2조)'는 독립혁명 이후 미국의 지역 민병대가 영국군으로부터 힘들게 회복한 땅을 지킬 수 있도록 돕기 위해 헌법에 명시되었다. 오늘날 영국은 위협적이지 않으며, 총기를 소지한 44%의 미국 가정은 대부분 자기방어나 취미활동을 위해 총기를 등록했다. 2020년 코로나 19 사태 이후, 다섯 가구 중 한 가구가 총기를 구매했다.

그러나 총기 소지는 여전히 미국 여론을 양극화시키는 문제이다. 총기를 찬성하는 사람들이 주로 사냥, 사격, 낚시를 즐기는 주에 분포한다는 사실에서 알 수 있듯이, 총기 소지에 관한 입장은 지역별로 차이가 있다. 총기 구매자의 신원 조회를 강화하자는 초당파적인 규제 강화 법안이 30년 만인 2022년에 처음으로 통과되었지만, 많은 미국인은 이를 임시방편에 불과하다고 생각했다.

위기 상황에 대비하기

대륙의 극단적인 날씨 변화를 고려하면, 언론의 머리기사를 장식하는 자연재해가 한 번도 발생하지 않고 지나가는 해는 거의 없다. 멕시코만과 동부 연안을 강타하는 허리케인, 동부 해안가 도시를 마비시키는 눈보라, 중서부의 '토네이도 앨리'를 관통하는 토네이도, 지구 온난화에서 기인한 늦여름 강풍 및 가뭄과 이로 인해 전보다 빈번히 발생하는 서부 지역 산불은 미국의 흔한 자연재해이다. 2022년 발생한 초강력 허리케인 이언은 80여 년 만에 플로리다를 강타한 가장 치명적인 허리케인이었다. 다행히도 미국 기상청은 기상이변을 초래할 수 있는 조건을 정확하게 예측할 수 있으며, 재해 우려 지역에 거주하는 주민들도 일반적으로 이러한 상황에 대응할 준비가 잘되어 있다. 그럼에도 불구하고 여행을 계획할 때는 계절별 날씨 변화를 신중히 고려해야 한다.

【 미국의 야생 】

숲속을 배회하는 플로리다 악어, 포악한 남서부 방울뱀, 보이지는 않아도 질병을 퍼뜨리는 뉴잉글랜드 사슴 진드기까지 미국의 야생에서는 원치 않는 경험을 할 수도 있다(가장 성가신 존재는 무엇일까? 아마도 모기일 것이다. 무더운 여름날 저녁, 윙윙거리는 소리가 들린다면 기피제를 사용하라). 그리고 어떤 일이 있어도 스컹크는 건드리지 않도록 항상 조심해야 한다!

그러나 '오지'로 가는 경우가 아니라면 대부분 지역에서는 위험한 야생동물을 만날 가능성은 거의 없다. 오지 여행을 할 때는 국립공원에서 근무하는, 경험이 풍부한 전문가의 조언을 구하라. '미국 국립공원 시스템'은 미국에서 가장 아름답고 매혹적인 풍경과 유저이 있는 34만km^{2}를 관리하고 있다.

더운 지역에서는 물을 충분히 휴대해야 하며 자외선 차단제 사용을 잊어서는 안 된다. 추운 지역뿐 아니라 해 질 무렵에는 사막에서도 기온이 급격히 떨어질 수 있으므로 여분의 겉옷을 준비하라. 그리고 모든 지역에서, 출발하기 전에 휴대전화가 완전히 충전되었는지 확인해야 한다.

08

비즈니스 현황

미국은 세계에서 가장 부유한 국가로, 국내총생산을 뜻하는 GDP는 가장 가까운 경쟁국인 중국보다 3분의 1이 더 많다. 미국은 고도로 다각화된 산업과 서비스 기반 경제 구조를 가지고 있다. 자본주의와 자유 시장에 대한 미국의 믿음은 21세기 반복되는 경제적 변화에도 흔들림 없이 매우 견고하다.

"미국인과 달러는 운율을 맞추어야 할 정도로

떼려야 뗄 수 없는 관계이다."

미국 시인 랠프 월도 에머슨의 일기(1840년)

미국은 세계에서 가장 부유한 국가로, 국내총생산을 뜻하는
GDP는 가장 가까운 경쟁국인 중국보다 3분의 1이 더 많다(그
러나 현재 추세로 본다면, 2030년 즈음에는 중국에 밀려 2위로 내려갈 것으로
보인다). 미국은 고도로 다각화된 산업과 서비스 기반 경제 구
조를 가지고 있다. 자본주의와 자유 시장에 대한 미국의 믿음
은 21세기 반복되는 경제적 변화에도 흔들림 없이 매우 견고
하다.

팬데믹 이전, 미국의 경제 상황은 최고조에 달했다. 부시
대통령에게서 시작되어 오바마 대통령이 이어받은 정책은, 글
로벌 금융 위기를 초래한 서브프라임 모기지 사태에서 시작
해 '대공황' 이후 가장 최악의 경제로 불린 2009년 '대침체'와
같은 수많은 위기에서 미국을 구해냈다. 경제 호황기를 맞은
2010년대는, 1850년대 기록이 시작된 이래 경기 침체가 없었
던 최초의 10년이었다. S&P 500 지수는 10년 중 9년 동안 상
승했고, 실업률은 50년 만에 최저치로 떨어졌으며, 인플레이션

은 급감했고, 오바마 대통령의 건강보험개혁법 덕분에 보험에 가입하지 않은 미국인의 수가 눈에 띄게 감소했다(연방 정부의 재정 적자는 계속해서 서서히 증가하고 있었지만, 이자율이 매우 낮았기 때문에 정치인들은 이 문제를 뒷전으로 미루어 두었다).

트럼프 대통령의 임기 마지막 해에 코로나19가 발생하자 장밋빛이었던 경제에 거짓말처럼 위기가 닥쳤다(68쪽 참조). 급속한 록다운 조치가 시행되었고, 미국의 경제는 얼어붙었다. 3대 자동차 제조업체인 GM과 포드, 크라이슬러가 완전히 생산을 중단하는 등 모든 산업이 멈춰 섰다. 상점과 식당은 문을 닫았고, 실업자가 된 부모들은 학교 봉쇄 조치로 집에 있게 된 아이들과 24시간을 함께 보내야 했다. 2020년 3월의 어느 한 주 동안에만 330만 건의 신규 실업 급여 청구 건수가 발생했는데, 이전 최고 기록은 40년 전 있었던 70만 건이었다. 전체 인구 가운데 2500만 명이 코로나19로 적어도 일시적으로는 실업자 신세가 되었다.

전 세계 다른 나라들과 마찬가지로 미국 주식 시장 역시 2020년 초 급락했지만, 곧 회복하기 시작하여 연말이 되기 전에 이전 수준을 회복했다.

코로나19는 이제 거의 진정되었고, 미국인은 직장으로 복귀했다. 일부는 재택근무의 편리함을 아쉬워하며 마지못해 직장에 복귀했지만, 일상은 재개되었다. 하지만 러시아의 우크라이나 침공과 극동 지역의 정치적 긴장 고조와 함께 미국은 글로벌 인플레이션과 공급망 문제에 직면하고 있으며, 경제 전망에 대해 여전히 확실하게 단언할 수는 없다.

한편, 과거 노동조합의 본거지였던 제조업이 쇠퇴하면서, 1930년대 전성기 이후 노동조합 운동의 강도와 정치적 영향력은 줄어들었다. 정보화 시대에서 새로운 일자리의 60%는 현재 노동 인구의 20%만이 보유한 기술을 필요로 하는 것으로 추산된다. 발전하는 기술과 그에 따른 부의 격차는 21세기 미국의 정치인과 기업인 모두에게 장기적인 과제로 남을 가능성이 크다.

값싼 노동력을 활용한 해외 생산이 계속 증가함에 따라 '미국산' 제품을 찾기는 점점 더 어려워지고 있다. 전화 및 온라인으로 이루어지는 기술 지원 업무는 뉴욕보다 뉴델리에 근거지를 두는 경우가 더 많다. 전 세계 소비자들은 미국의 패스트푸드를 좋아하지만 '코카콜로니제이션'이라고 불리는, 미국에 의한 문화 식민지 현상을 두려워하는 마음도 동시에 가지고 있다.

영어는 비즈니스에서 공용어로 사용되며 미국의 경영 철학은 전 세계적으로 받아들여지고 있다. 그러나 미국의 기업들은 해외 시장에서 다른 나라에 대한 문화적 이해심과 감수성을 발휘했을 때 효율성이 높아지고 더 나은 글로벌 시민이 될 수 있다는 사실을 깨닫고 있다.

근무 환경

코로나19가 발생하기 전부터 미국인의 근무 환경은 지속적인 변화의 시기를 겪고 있었다. 인건비 상승으로 고용주들은 시간제 일자리와 직무공유제도를 만들었으며, 외주업체와 하청 계약을 맺는 경우도 증가했다. 변화는 계속되고 있다. 회사는 구조 조정을 시행하고, 업무팀은 '원격'으로 함께 일하며, 유연근무제가 일상적으로 실시된다. 정기적인 이직은 이력서를 작성할 때 도움이 된다고 생각하기 때문에 이직률 또한 높다. 직장에 관해서는 '요람에서 무덤까지'라는 사고방식이 사라진 지 오래이며, 직장인들은 스스로 자신의 경력 관리를 책임진다. 고용주는 직원들이 직업윤리를 지키며 성과를 만들어 내기를 기대한다. 직원은 더 나은 조건으로 이직하기 전까지는 최선을 다해 맡은 일에 매진한다.

직장 생활에서 정책, 절차, 관행은 중요한 역할을 한다. 기회 균등 정책의 시행 이외에, 미국 기업은 다양성 존중이라는 가치 아래 여성 및 소수자의 고용과 승진을 장려하고 있다. 직장 내 차별 및 성희롱 문제에 대비하기 위한 감수성 훈련 교육도 시행한다.

조직 내 각 구성원의 역할은 유연하고, 계층 구조는 유동적이며, 기능은 전문화되어 있다. 오늘날의 '평등한' 조직에서는 새로운 기술을 개발하기 위해 같은 직급 내에서 이동하거나 '초고속' 승진을 한 후배 상사에게 보고하는 일이 불명예스럽다고 생각되지 않는다. 조직에는 경계가 없으며, 구성원은 조직이라는 피라미드에서 수직적 또는 수평적으로, 때로는 부서 간 경계를 넘어 편안하게 소통한다.

근무 시간은 회사, 업종, 직급에 따라 다르다. 사무직에 종사하는 사람은 오전 9시부터 오후 5시까지 줄곧 사무실 책상에 앉아있을 수 있다. 앞서 살펴본 바와 같이 많은 직장인, 특히 전문직 종사자들은 자의든 타의든 주말과 휴가를 반납하면서까지 지나치게 긴 시간 근무하는 경우가 많다. 외국인 방문객들은 종종 모순적이라고 느낄 수 있지만, 겉으로 보기에 자유롭고 스스럼없이 지내는 듯한 미국 직장인의 업무량과 속도는 절대 만만치 않으며, 스스로 '바쁘다'고 인정하지 않는 직원은 해고될 가능성이 있다. 미국의 운송업체인 페덱스의 봉투에는 '특급 우편'이라는 문구가 미리 인쇄되어 있다. 팬데믹 기간에 많은 근로자가 재택근무를 해도 업무 생산성이 떨어지지 않는다는 사실을 알게 되었다. 초기에 관리자들은 직접 대면하는 업무 환경이 관리에 효율적이라고 여기며 직원들이 사무실로 완전히 복귀하기를 바랐지만, 차츰 많은 기업이 재택근무와 사무실 근무를 혼합한 근무제도를 도입하기 시작했다.

일반적으로 사무실은 개방된 공간에서 칸막이로 자리를 구분하지만, 상사는 사무실 안쪽에 전망이 가장 좋고 문이 있으며 사방이 막힌, 독립된 자신만의 공간에서 일한다. 관리자는 직무와 관련해 직원들과 쉽고 편하게 소통할 수 있는 '열린 사무실 정책'을 취한다. 구성원의 개인 일정과 사생활은 존중되어야 하며, 최고 경영진을 제외하면 모두 직접 자신의 전화를 받고 사내 온라인 메시지를 확인해야 한다.

근무 시간 중에 동료의 생일, 결혼, 혹은 임신을 축하하기 위해 잠시 업무를 멈출 수 있으며, 선물은 모두 함께 돈을 모아 준비한다. 출퇴근 시간이 긴 미국인이 많으므로, 퇴근 후 친목 모임을 할 수 있는 시간은 거의 없다. 그러나 회사에서 가족 피크닉이나 소프트볼 시합처럼 정기적인 행사를 마련하기도 하며, 금요일 저녁에는 동료들과 가끔 술자리를 가지기도 한다.

【 '24시간' 라이프스타일 】

오랜 시간 미국 비즈니스 환경에 고질적이었던 문제는 모든 사안을 '긴급'하게 처리해야 한다는 분위기였다. 이러한 현상은 전자 통신 시스템의 성장, 그중에서도 전화기의 위치가 장소에서 사람으로 옮겨질 정도로 '스마트'해지면서 더욱 심해졌다. 이제 누구도 연락을 피하려고 '부재중'이라는 핑계를 댈 수 없으며, 상대가 전화를 받지 않으면 메시지나 이메일을 보낼 수 있다.

실제로 많은 사람이 직접 대면하는 소통보다 이러한 방식을 선호한다. 텍스트 기반 프로그램과 이메일이 광범위하게 사용되고 있다. 음성 사서함은 사라지고 있으며, 사람들은 근무 중에 녹음된 음성 메시지를 수시로 확인하지는 않는다. 사무실 옆자리 동료들끼리도 서로 문자나 왓츠앱 같은 프로그램을 사용해 메시지를 주고받기도 하는데, 빠르고 효율적이며 전자로 된 '문서 증거'를 남길 수 있기 때문이다. 그뿐 아니라 같은 프로젝트를 담당하지만 자리는 멀리 떨어진 동료에게 메시지를 복사하여 전달할 수도 있다. 이메일의 받은 편지함을 확인하고 업무와 관련 없는 메일을 삭제하는 데 많은 시간이 소비되기는 하지만, 메시지를 활용한 업무 처리 방식은 관리자 업무의 본질을 변화시켰다. 한 인사담당자는 주말에 몇 시간 동안 노트북과 씨름한 끝에 읽지 않은 메시지를 300개로 줄였다고 자랑처럼 말하기도 했다.

온종일 스마트폰을 끊임없이 확인하는 모습은 현대인의 특징 중 하나이다. 그렇다고 해서 저녁 식사 시간에 대화에 귀를 기울이지 않고 열다섯 번이나 아이폰을 확인해도 무례하지 않다는 뜻은 아니다!

【 직장 내 드레스 코드 】

직장에서의 복장에 관한 규정은 업계 및 기업 문화에 따라 다르다. 격식을 차려야 하는 경우 남성은 일반적으로 짙은 색 정장을, 여성은 원피스, 치마 또는 바지 정장을 입는다. 많은 기업에서 금요일마다 자유로운 복장을 하는 '캐주얼 프라이데이'

제도를 시행하며, 평소에는 복장에 관한 규정이 느슨하지만, 의뢰인과의 만남 등 중요한 자리에서는 정장을 입어야 하는 경우가 많다. 일부에서는 이러한 자유로운 복장 문화가 오히려 규정 아닌 규정을 만들어 낸다고 불평하기도 한다. 남성의 경우 편안한 복장이라면 넥타이는 매지 않더라도 단추가 달린 긴소매 셔츠와 치노 바지 등을 입어야 하며, 여성의 경우 캐주얼한 바지나 치마 등을 입어야 하기 때문이다.

일반적으로 전문직 종사자는 질이 좋고 지나치게 유행을 좇지 않는 옷을 입는 것이 좋다. 여성의 경우 과한 화장과 액세서리는 자제해야 한다. 잘 모르겠을 때에는, 보수적으로 입는 편이 낫다는 사실을 항상 기억하라. 자신감 있는 태도를 보이고, 개인위생에 신경 쓰며, 단정한 차림새를 갖추는 것은 중요하다. 첫 비즈니스 미팅에서 어떤 옷을 입어야 할지 고민이 된다면, 좀 더 정장에 가까운 쪽을 택하라.

【 첫인상 】

'첫인상을 남길 기회는 단 한 번뿐이다'라는 사실을 기억하라. 당신은 행동과 외모로 평가받게 될 것이다. 단정하지 못한 태도와 부적절한 행동은 사업상 거래나 인간관계를 망칠 수 있다.

미국인들은 첫 만남에서 빠르게 친밀감을 형성하기 위해 서로 간 공통점을 찾아 이야기를 나누는 경우가 많다. 비즈니스 환경에서는 양쪽이 모두 알고 있는 이전 직장 상사, 지인, 대학의 사교 클럽 등을 화제로 삼는다. 이는 우정을 쌓기 위한 행동이 아니라 업무상 관계를 구축하기 위해 유대감을 형성하는 과정에 불과하다.

【명함】

요즘에는 종이 명함보다는 스마트폰을 이용해 연락처를 교환하거나 링크드인과 같은 소셜 미디어를 활용하는 방식을 선호하는 사람이 많다. 명함을 받게 되더라도, 아시아 문화권에서처럼 명함 내용을 읽고 살펴보기보다는 지갑에 바로 집어넣는다.

【자신을 홍보하라!】

겸손이 미덕이라고 생각하는 문화권에서 온 사람들은 미국인이 건방지고 허풍이 심하다고 생각할 수 있다. 미국인은 경쟁이 치열한 비즈니스 환경에서 다른 사람들이 자신의 재능을 알아볼 때까지 기다리기만 해서는 남보다 앞서 나갈 수 없다고 생각한다. 미국인에게는 눈에 보이는 성과 없이 굳건한 정신력으로 노력만 하는 '아마추어'에 대한 인내심이 거의 없다. 이러한 '성과 지향주의'는 외국인에게 오만하게 보이겠지만, 미국인에게는 탁월함을 추구할 수 있게 만드는 중요한 이상이자 강력한 내적 동기가 된다.

겸손과는 다소 거리가 멀어 보이는 이러한 태도는 명예와 존경이라는 개인의 '심리적 이득'을 위한 것만은 아니다. 실제로 돈과 관련 있다. 대기업은 능력주의를 기반으로 운영된다. 회사에 가장 큰 이익을 가져다주는 사람에게 급여 인상과 승진 기회가 돌아가며, 가장 많은 보너스가 주어질 것이다. 야심에 찬 경영진은 말 그대로 자신의 성공을 위해 집중하는 것이다.

미국인들은 자신을 믿고, 모든 일에 최선을 다하며, 남들보다 돋보여야 한다고 배운다. 이 거대한 나라는 적자생존의 원칙을 따른다. 한 중간급 관리자는 "경쟁에서 승리하려면 나 자신이 최고의 제품이자 최고의 영업 사원이 되어야 한다."라고 말했다. 전문직 종사자들은 엘리베이터를 타고 이동하는 30초 정도의 짧은 시간 동안 자신이 누구이며 무엇을 하는 사람인지 요약하여 소개하는 '엘리베이터 피치' 기술을 연마하기도 한다.

미인 대회부터 '이달의 직원', 매년 7월 4일에 열리는 핫도

그 먹기 대회에 이르기까지 어디에서나 경쟁은 흔하다. 최초로, 가장 높이, 가장 빠르게 성공하고 싶다거나 혹은 그저 단순히 최고가 되고 싶다는 욕망은 놀라운 성과를 이루어 내는 원동력이 되었지만, 미국의 '승자독식' 구조는 1등을 한 사람의 이름만을 기억한다. 다른 나라에서는 올림픽에서 은메달을 딴 선수도 환호를 받지만, 미국에서는 금메달을 따는 데 실패한 사람이라는 의미로 받아들여진다. 유명 축구 감독 빈스 롬바르디는 "2등은 1등으로 패배한 사람이라는 뜻이다."라고 말했다.

미국인에게 중요한 것

미국인은 다른 문화권의 사람들만큼 비즈니스 상대방에 대해 알아야 할 필요성을 크게 느끼지 않는다. 미국인은 사람을 신뢰하는 대신, 변호사와 계약서를 신뢰한다. 규칙이 만들어지면 모두에게 똑같이 적용한다. 거래는 관계적 특성이 아닌 상대방의 평판, 수익률, 또는 납품 기일에 따라 변동될 수 있다.

이처럼 '업무 우선', '관계는 나중에'를 추구하는 사회에서는 모든 일이 체계화되어 있다. 라틴 아메리카의 직장인은 권위 있는 상사에게 오랫동안 의존할 수 있지만, 미국의 직장인은 입사 후 새로운 조직에 적응하기까지 일시적으로 도와주는 '멘토'를 배정받는다. 한편, 전문가 집단은 서로를 지원하지만 결속은 느슨한 '네트워크'를 조직하며, 구직활동에는 여전히 인맥이 중요하다. 일자리의 85%는 인맥과 정보망을 통해 확보된다. 링크드인은 전 세계에 8억 명 이상의 회원을 보유하고 있으며, 그나마 채용 공고의 70%는 공식적으로 광고되지 않는다.

관리 스타일

훌륭한 관리자는 행동 지향적이며, 목표를 설정하고, 결과를 만들어 낸다. '명령 및 통제형' 관리자에게는 이런 자질이 부족하다. 미국인이 선호하는 관리자 스타일을 설명하기 위해서 스포츠 코치를 비유적으로 자주 사용한다. 관리자는 자원과 전략을 제공한 후에는 '공을 가지고 달리는' 선수를 옆에서 응원한다. 이러한 접근 방식은 직원이 주도권을 가지고 결정을 내리며, 독립적으로 회사에 이바지할 수 있도록 권한을 부여하는 것이다. "문제를 제기하지 말고 해결책을 제시하라."라는 말은 직원의 권한을 늘린다는 의미이다. 수많은 경제경영 서적에서 위대한 리더는 타고나는 것이지만, 훌륭한 관리자는 만들어질 수 있다고 말한다.

관리자는 자신의 성과뿐만 아니라 직원의 능력을 개발하는 일에 대해서도 평가받는다. 연말에는 상호 합의한 목표에 따라 평가가 이루어지며, 동료와 부하 직원으로부터 비밀이 보장된 피드백을 얻을 수 있다.

변하지 않으면 후퇴한다

방향을 설정하고 지혜를 구할 때 선례에 의존하는 사회도 있지만, 미국인들은 과거보다는 미래에 집중해 영감을 얻는다. 미국인은 변화를 만들어 내고 이를 관리하는 '재창조'의 달인이다. 외부의 관점에서는 성급해 보일 수 있지만, 미국인은 비즈니스 환경에서 '일단 해보자'라는 사고방식을 가지고 있다. 신중하게 계획하기보다는 '경험을 통한 배움'을 선호하는 것이다. 비즈니스에서 목표는 언제든지 변동 가능하며, 문제 해결과 의사 결정은 고정되어 있는 과정이 아니라 단기적인 해결책을 제공하는 데 주력한다.

팀워크 문화

미국인의 일터는 점점 더 팀 중심 환경이 되어가고 있다. 여기서 '팀'이란 공동의 목표를 달성하기 위해 함께 일하는 사람들이 모인 집단을 의미한다. 앞서 개인주의를 설명할 때 언급했듯이, 이는 아시아권에서 흔한, 조화를 중시하는 합의 지향 모델과는 다르다. 팀원들은 각기 다른 전문 분야에서 선발되며, 응집력을 갖추고 조직의 효율을 높이기 위해 '팀 빌딩' 훈련처럼 팀워크를 개선하는 역량 교육을 받기도 한다.

유감스럽게도 팀 문화에 있어서는 많은 기업이 복합적인 태도를 보인다. 앞서 살펴보았듯, 기업은 능력주의에 따라 움직이며, 권력의 피라미드에서 위로 올라갈수록 다음 승진을 위한 경쟁은 더욱 치열해진다. 직원들이 자신의 경력 개발에 집중하게 되면, 승진 경쟁자인 동료와 발휘할 수 있는 팀워크에는 한계가 생긴다. 또한 팀 프로젝트에서 경쟁자의 성공은 자신의 몫이 될 보상이 줄어든다는 의미가 될 수도 있다.

회의

회의는 즉흥적인 10분짜리 팀 회의부터 상세한 안건과 회의록
을 갖추어 사전에 계획한 후 장시간 이어지는 회의까지 목적
에 따라 다양하다. 회의가 끝나면 역할과 업무가 할당되고 최
종 기한에 맞추어 실행 계획이 수립된다.

미국 생활의 많은 다른 부분처럼 회의는 민주적인 절차에
따라 이루어진다. 줌이나 MS팀스를 이용하는 화상 회의가 아
닌 대면 회의에서 좌석 배치는 격식을 따지지 않으며, 상급자

가 아닌 지정된 진행자가 회의를 주도적으로 진행한다. 그러나 상사가 발언할 때는 아무리 오랜 시간이 걸려도 중간에 끼어 드는 행동은 좋지 않다는 점을 명심해야 한다. 모든 직급의 사 람들이 회의에 적극적으로 참여하고, 서로 다른 관점을 공개 적으로 언급하며 회의에 '창의적 긴장감'을 더하기도 한다. 회 의 참석자는 서로 다른 관점을 존중하고, 서로의 아이디어에 의견을 보태며 발전시킨다.

미국의 비즈니스 문화를 처음 접하는 사람들은 종종 겉보 기에 별다르지 않은 의견인데도 모든 사람이 발언하기 위해 경쟁하는 모습에 당황한다. 교육 시스템에서와 마찬가지로, 비 즈니스 환경에서도 각 개인은 얼마나 참여하고 어떻게 기여했 는지에 따라 평가받는다. 회의에서도 사회진화론(다윈의 진화론에 근거해 사회 현상을 해석하는 이론-옮긴이)이 작용하기 때문에 자신의 존재를 알릴 기회를 잡기 위해 목소리를 내야 한다. 브레인스 토밍은 너무 비체계적이고 엉뚱하다고 생각하는 사람들도 있 지만, 미국인들은 창의적인 아이디어나 해결책을 도출하는 효 과적인 방법이라고 생각한다.

성공적인 회의를 위해서는 시간을 잘 지키고(늦을 때는 미리 알 려야 한다), 제대로 표현하고, 꼼꼼하게 준비해야 한다.

프레젠테이션

형식과 내용 중 무엇이 더 중요할까? 미국인은 프레젠테이션에서 두 가지를 모두 갖추어야 한다고 생각한다. 일부 문화권에서는 사실만을 충실하게 전달하는 방식을 선호하지만, 다른 문화권에서는 긴 토론을 통해 신뢰를 쌓는 방식을 선호한다. 미국인은 시각 지향적이며, 대면 회의든 온라인 회의든 첨단 기술을 활용한 흥미로운 프레젠테이션을 선호한다. 제안의 장점을 설명하기 위해 적절히 빠른 속노, 설득력 있는 어조, 사례 증거 제시 등의 전략이 사용된다.

밀레니얼 세대가 기업에서 중요한 직책으로 등장하게 되면서 주의 집중 가능 시간이 줄어들었다. 최근에는 체계적인 구성을 갖춘, 30분에서 45분 사이의 짧은 프레젠테이션이 일반적이며, 객관적인 수치로 나타낸 데이터와 프레젠테이션 사본을 포함한 유인물을 제공하는 경우가 많다. 피드백과 질의응답을 위한 시간도 마련된다.

협상

미국인의 협상 스타일은 '끈질기고 집요한' 경향이 있으며, 때로는 대단한 열정과 미묘하게 결합한 우격다짐처럼 여겨지기도 한다! 제품이나 개인의 장점을 강력하게 어필하는 행동이 허풍처럼 보일 수도 있지만, 미국인에게는 자신감의 표현이자 신뢰를 형성하는 방법이다. 이는 논리적 추론, 직설적 화법, 자기 홍보를 선호하는 미국인의 성향과도 일치한다.

미국의 협상가들은 형식적인 비즈니스 절차, 간접적인 화법, 합의를 통한 의사 결정 관행에 익숙하지 않거나 불편해할 수 있다. 미국인은 단기적인 '큰 그림'에 집중하며, 정확한 시간 내에 최상의 거래를 성사시키는 일을 중요시한다. 미국인의 접근 방식은 친절하고 직설적이며, 격식을 중요하게 생각하지 않는다. 자신의 견해를 밝힌 후, 상대방이 경쟁적인 협상 과정에 참여하기를 기대한다. 난제에 부딪히면 미국인 특유의 끈기, 창의성, 설득력이 전면에 등장한다. '집요한' 전술에도 불구하고 미국인은 협상 파트너가 결정을 내려야 한다는 압박감을 느끼지 않도록 주의한다. 또한 유리한 협상을 끌어내기 위해서는 협상 테이블에 마주 앉은 상대방도 자신들처럼 실용적인 사람들이며, 자신들과 마찬가지로 하나의 목표를 향해 노력하기를 바란다. 미국 협상가들이 가장 좌절감을 느끼는 때는 상대방에게 필요한 결정을 내릴 권한이 없다고 느끼거나 '상대에게 속아서 끌려다니고 있다'고 느끼는 경우이다.

참고 사항: 미국인들은 구두로 합의를 끝내고 회의장을 빠져나간 후 세부적인 내용은 나중에 논의하는 방식을 좋아한다. 따라서 악수(실제로든 추상적으로든)로 거래를 '성사'시킬 수는

• 침묵은 금이 아니다 •

도쿄에서 이루어진 미국 기업과 일본 공급 업체 간의 협상은 순조로운 시작에도 불구하고 최종적으로 결렬되었다. 미국 측은 가격과 납품 기일 등 세부적인 '최종 사항'을 중점적으로 다루었다. 일본 측은 협상 과정과 신뢰 구축에 더 신경을 썼다. 일본이 미국의 입장을 곰곰이 생각하기 위해 잠시 대화를 멈출 때마다 미국이 그 틈으로 끼어들었다. 미국은 협상 테이블에서 일본이 침묵할 때마다 비타협적인 태도라고 해석했고, 일본은 침묵을 참지 못하는 미국의 행동을 일본 측의 말을 듣지 않으려는 태도라고 해석했다. 분명 양측은 각자의 협상 전략을 가진 채 만났지만, 상대방 문화에 대한 이해는 거의 없었다.

있지만, 계약서의 잉크가 마르기 전까지는 합의가 끝난 것이 아니다. 그러나 일반적으로 '예'는 '동의한다'는 의미로 받아들인다. '예'라는 대답이 이해했다는 표시일 뿐 최종적인 합의를 의미하지는 않는 문화권에서 온 사람이라면 미국인과의 비즈니스에 어려움을 겪을 수도 있다.

비즈니스계의 여성들

팬데믹 기간 중 일시적으로 감소하기는 했지만, 여성은 현재 미국 노동력의 절반 이상을 차지한다. 관리자 직급에 오른 여성의 수도 점점 증가하고 있으며 전통적으로 남성의 영역이었던 분야에서도 두각을 나타내고 있다. 괴롭힘 및 성폭력 피해자들이 정의를 추구하도록 용기를 주는 '미투' 운동의 도움을 받아 기업에서는 여성에 대한 노골적인 차별, 성차별, 부적절한 행동이 신속하게 처리되고 있다. 그러나 여성이 '유리 천장'을 극복하는 일을 어렵게 만드는 미묘한 차별은 여전히 존재한다고 많은 사람이 말한다. 승진 기회 앞에서, 많은 워킹 맘은 자신들이 '승진을 위한 빠른 길'에서 '엄마가 되는 길'로 우

미국 다국적 투자은행 씨티그룹의 CEO 제인 프레이저

회했다고 느낀다. '깨어있는' 기업에서는 유연근무, 직장 내 어린이집, 동등한 임금 지급 등에 대한 제도를 시행하며 상황이 개선되고 있지만, 여전히 많은 장애물이 남아있다.

비즈니스 접대

비즈니스를 위해 미국에 방문한 외국인은 VIP 대접 받기를 기대해서는 안 된다. 아무리 고위 임원이라도 공항이나 호텔에 마중을 나오지는 않는다. 비즈니스 접대는 잠재적인 고객에게 깊은 인상을 남기거나 '거래 성사'를 확정 짓는 저녁 식사 등 특별한 경우에만 이루어질 가능성이 크다. 편안한 복장과 사교적인 대화를 오해해서는 안 된다. 미국인들은 비즈니스를 진지하게 생각한다. 편안하게 행동하는 것 같지만, 사실은 절제되어 있다. 마티니를 곁들이던 점심 식사는 이미 오래전에 탄산수를 곁들이는 점심 식사로 바뀌었다. 저녁 식사 중에 주류를 주문해도 될지 확신이 들지 않는다면, 상대의 말과 행동에서 힌트를 얻어라. 식사는 가벼운 대화에서 시작하지만, 곧 사업에 관한 본론으로 들어갈 것이다. 칵테일파티에는 단순한 파티 이상의 목적이 있다. 사람들과 악수를 하기 위해 한 손은 항상 음식이나 음료수 없이 비워두어야 한다.

미국인들은 또한 비즈니스 환경에서 선물을 주고받는 데 익숙하지 않으며 선물을 기대하지도 않는다.

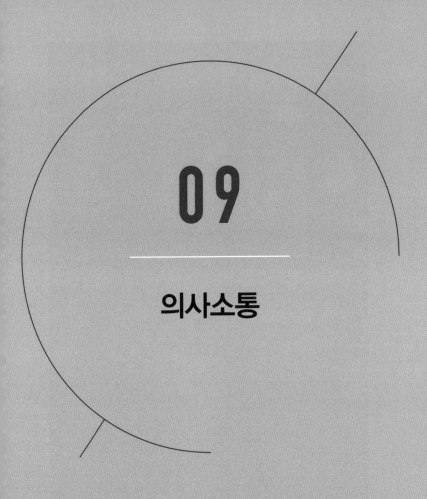

09

의사소통

"좋은 하루 보내세요!" "옷이 멋지네요!" "잘했어!"처럼 미국인과의 대화는 일반적으로 격식을 차리지 않는 경향이 두드러지며, 각종 미사여구로 의미를 더하거나 끝에 느낌표가 붙는 경우가 많다. '어려움'을 '기회'로 완곡하게 표현하는 것처럼, 많은 말을 긍정적으로 표현한다.

언어

길거리 속어부터 심리학 용어, 비즈니스 전문 용어, 선전 문구에 이르기까지 언어는 끊임없이 변화하는 미국의 문화를 들여다볼 수 있는 창과 같다. 미국인은 자신들의 생각과 감정을 공유하는 것을 좋아한다. 벤저민 프랭클린의 꾸밈없는 격언과 마크 트웨인의 재치 있는 문체는 여러 세대에 걸쳐 전해져 내려왔다. 2000년대에는 철학에도 유머가 녹아들어 있으며, 냉장고 자석, 자동차 범퍼 스티커, 또는 SNS에도 나타날 가능성이 크다. 미국인들은 한 줄짜리 짧고 재치 있는 글귀를 좋아한다. 트위터에 있는 모든 게시물 중 280자 제한에 가까운 글은 전체의 1%에 불과하다.

역사적으로 언어는 미국의 독특한 문화적 정체성을 정의하는 데 가장 중요한 역할을 해 왔다. 미국 고유의 영어는 영국 영어와는 다른 독자적인 언어라고 믿었던 코네티컷주 출신 노아 웹스터는 1806년, 최초의 미국 영어 사전을 편찬했다. 웹스터의 사전에는 스컹크나 차우더 같은 미국 영어만의 새로운 어휘가 실렸다. 그는 또한 중앙을 의미하는 단어 'centre'를 'center'로, 쟁기를 의미하는 'plough'를 'plow'로, 그리고 색

깔을 뜻하는 'colour'를 'color'로 바꾸는 등 불필요하게 복잡한 철자법을 수정했다.

최근 미국에서는 이민자 자녀에게 이중 언어 교육을 제공해야 하는가에 관한 문제로 논쟁이 이어지고 있다. 이에 대한 정부의 대응은 더디지만, 기업은 행동에 나서고 있다. 많은 TV와 라디오 방송국에서는 다양한 언어로 프로그램을 제작한다. 광고판의 언어는 지역별 인구 구성을 반영한다. 대다수 서비스 센터 전화는 스페인어 안내를 제공하며, 은행 ATM에는 중국어 안내가 추가되었다.

미국 인구 5명 중 1명은 영어가 아닌 언어를 모국어로 사용한다. 스페인어는 미국에서 두 번째로 많이 사용되는 언어로, 4100만 명이 가정에서 스페인어를 사용한다. 브루클린 일부 구역에서는 이디시어(중부 및 동유럽에서 사용하던 유대인 언어-옮긴이)를, 펜실베이니아주와 오하이오주에 있는 아미시 주거 지역에서는 독일어 방언을 사용하는 등 특정 언어만을 사용하는 지역도 있다.

다른 언어에서 영어 어휘로 굳어진 단어들에는 다음과 같은 것들이 있다. 'moose(무스, 큰 사슴)'와 'caucus(간부 회의)'는 아메리카 원주민 언어가 기원이다. 'chocolate(초콜릿)'은 멕시코 원

• 공통 언어로 나뉜 나라 •

아일랜드의 극작가 조지 버나드 쇼는 미국과 영국을 두고 '공통된 언어로 나뉜 두 나라'라고 말한 것으로 알려져 있다. 미국과 영국은 둘 다 영어를 사용하지만, 철자나 어휘, 관용구에는 차이가 있다. 'table to motion'이라는 표현은 영국에서 '안건을 상정하다'를 뜻하지만, 미국에서는 '안건을 무시하다'라는 의미이다. '선거에 출마하다'라는 표현을 영국에서는 'stand for election'이라고 말하지만, 활동적인 미국인은 'run for office'라고 표현한다. 미국인은 어색한 분위기를 누그러뜨린다는 의미로 '얼음을 깨다(break the ice)'라고 말하지만, 영국인은 '얼음을 녹이다(melt the ice)'라고 표현한다. 흥미롭게도 결정을 내릴 때 영국인은 결정을 '취한다(take)'라고 말하지만, 미국인은 결정을 '만든다(make)'라고 말한다.

주민 아즈텍족의 언어에서 왔으며, 'tycoon(거물)'은 중국어에서 왔고, 'saloon(술집)', 'café(카페)'는 원래 프랑스어이다. 'cookie(쿠키)'는 네덜란드어에서 왔으며, 'glitch(결함)', 'schmooze(수다)', 'chutzpah(당돌함)'는 이디시어에서 유래했다. 'kindergarten(유치원)', 'delicatessen(식품점)'은 독일어가 기원이다. 지극히 미국적인 단어인 'hamburger(햄버거)'는 어떨까? 역시 독일어이다.

의사소통 스타일

"좋은 하루 보내세요!" "옷이 멋지네요!" "잘했어!"처럼 미국인과의 대화는 일반적으로 격식을 차리지 않는 경향이 두드러지며, 각종 미사여구로 의미를 더하거나 끝에 느낌표가 붙는 경우가 많다. '어려움'을 '기회'로 완곡하게 표현하는 것처럼, 많은 말을 긍정적으로 표현한다.

일반적으로 미국인들은 모든 사람을 똑같이 쾌활하게 대하는 태도에 자부심을 느끼며, 나이나 직급과 관계없이 상대방의 이름을 부른다. 박사, 장교, 교수와 같은 직함은 보통 직장에서만 사용한다. 기혼 여성과 미혼 여성을 모두 공손하게 부르는 'Ms.'라는 존칭은 주로 서면을 통한 의사소통에서 사용한다. 허락 여부와 관계없이 상대방의 이름을 줄여서 부르거나 애칭을 부르는 경우도 흔하다. 미국인은 만나는 사람의 이름을 매우 잘 기억하며, 실제로 대화 중 상대방의 이름을 자주 부른다.

일반적으로 미국인과의 관계, 특히 비즈니스 환경에서는 보이는 대로, 혹은 들리는 대로 믿으면 된다. 미국인은 빙빙 돌려 말하는 법이 없다. '정직이 최고의 방책'이라고 믿기 때문에 예의나 체면을 차리기보다는 직설적인 태도를 선호한다. 유창한 화술과 지적인 토론에 익숙한 유럽인에게는 이런 방식이 무례하게 여겨질 수도 있다. 그러나 미국인은 핵심적이고 명료하며, 정확하면서도 되도록 간결한 대화를 선호한다. 공공장소에서 비속어를 말하는 행동은 빈축을 사지만, 미국인은 북

• 빠른 반응 •

한 독일인이 세 명의 고객을 상대로 비즈니스 프레젠테이션을 마쳤다고 상상해 보라. 일본인은 편안히 앉아 심사숙고하며 들은 내용을 검토할 것이다. 영국인은 머릿속에서 명확한 답변을 신중하게 준비하고 있을 것이다. 미국인은 어떨까? 바로 뛰어든다. 순간을 포착하고 즉시 반응하는 것이 핵심이다. 미국인에게는 재빠르게 상황을 판단하고 '있는 그대로' 말하며 신속하게 행동에 옮기는 모습을 보여주는 것이 중요하다. 모든 것은 수행 능력과 그에 따른 결과로 나타난다.

유럽인보다 비교적 자기 생각과 감정을 더 자유롭게 표현한다. 테이블을 내리치거나 목소리를 높이는 행동을 한다면 자제력이 부족한 사람이라고 생각한다. 개인 간 분쟁은 사회적 분열을 일으킨다고 여겨지며, 변호사의 개입이 있기 전까지는(변호사가 개입하게 될 때는 분쟁 상대자에게 "법정에서 봅시다."라고 말한다) 통상 미국인의 실용주의적 관행에 따라 처리된다.

미국인의 사고방식은 논리적인 일련의 사실을 통해 하나의 명확한 결론에 도달하는 선형적인 특징을 보인다. 미국인은 객관적이고 구체적인 사실과 데이터를 신뢰하며, 정보는 명확한 언어로 전달된다. 미묘하고 비언어적인 제스처나 숨겨진 의도, 관계성이 떨어지는 정보는 불필요하며, 사실만 있다면 그것으로 충분하다. 서면 보고서는 글머리 기호로 정리한 간결한 '개요서'로 시작된다.

【 스포츠에 관한 대화 】

경쟁이 치열한 스포츠 세계의 용어들은 비즈니스 환경에서 일어나는 대화에 딱 맞아떨어지는 비유로 활용된다. 기업의 관리자들은 '대역폭', '대체 불가', '뉴노멀' 같은 최신 유행어도 충실하게 받아들이지만, '타석에 서다(책임감을 느끼고 적극적으로 임한다는 뜻-옮긴이)', '모든 베이스를 밟다(빈틈없이 모든 일을 처리한다는 뜻-옮긴이)', '홈런을 치다(성공적으로 해낸다는 뜻-옮긴이)'라는 스포츠 관련 표현을 훨씬 익숙하게 사용한다. 비즈니스에서 '대략적인 수치'를 표현할 때는 '야구장 수치'라고 말한다.

【 가벼운 대화 】

"메츠 팀은 좀 어때요?", "정말 덥지?"처럼 스몰 토크(소소하고 가벼운 대화-옮긴이)는 대답이 그리 중요하지는 않은 질문으로 시작되는 경우가 많다. 이런 대화는 보통 TV 프로그램, 스포츠, 날씨처럼 안전한 주제에 국한된다. 섹스, 종교, 정치와 같은 특정 주제는 일반적으로 금기시되며(4장 친구 사귀기 참조), '본론으로 들어갈 때'가 되면 스몰 토크는 끝난다.

【 침묵에 대한 태도 】

미국인을 불편하게 만드는 것은 무엇일까? 앞서 살펴보았듯이, 바로 침묵이다! 대화 중 일시적인 공백이 생기면, 미국인은 끼어들어 그 자리를 메우고 싶은 충동을 느낀다. 다른 사람의 말을 끊거나 방해하는 행동은 무례하게 여겨지지만, 보통 누군가 말을 멈추면 그 부분에서 다른 사람이 대화를 이어나

간다. 반대로, 지나치게 말을 길게 늘어놓는 행동도 환영받지 못한다. 의회의 발언자, 오스카상 수상자, 회의 참석자는 가차 없이 제지당하기 전, 30초 안에 하고 싶은 말을 모두 끝내야 한다.

【 대화 예절 】

까다롭다거나 격식을 차리는 편은 아니지만, 미국인에게도 대화 중에 분명히 지켜야 할 매너가 있다. "Please(부탁합니다)."라는 표현은 흔히 사용된다. 누군가로부터 무엇인가 받게 될 때는 퉁명스럽게 들릴지 모르는 "Sure(그래요)." 혹은 "Okay(좋습니다)." 대신에 "Yes, please(네, 부탁합니다)."라고 말한다. "Thank you(감사합니다)." 또는 "Thanks(고마워요)."에 대한 응답으로는 친근감 있게 "Sure(네)." 혹은 "No problem(고맙기는요)."이라고 말하거나, 조금 더 정중한 표현으로 "You're welcome(천만에요)."이라고 대답할 수 있다. "What did you say?(뭐라고 말씀하셨죠?)", "Pardon?(죄송하지만 뭐라고요?)", "Sorry?(미안하지만 뭐라고요?)" 대신 "Excuse me?(실례합니다)"라는 표현을 질문처럼 끝을 올려서 말해도 된다. 누군가 재채기하는 소리를 들으면 낯선 사람일지라도 "Bless you(신의 가호가 있기를)." 혹은 "Gesundheit(건강 조심하세요)."라고 말하기도 한다. 어떤 결정에 대해 미국인이 "I don't care(상관없어요)."라고 대답하면 무뚝뚝하게 들릴 수 있지만, 보통은 "I don't mind(괜찮아요)."라는 의미이다. 메신저 등 문자 메시지는 대화가 끝났다는 명확한 표현 없이 마무리될 수도 있다.

【 정치적 올바름 】

정치적 올바름은 미국인이 그다지 편안하게 여기지 않는 영역 중 하나이다. 사회와 직장에서는 누구도 불쾌감을 느끼지 않고 소속감을 느낄 수 있도록 어느 정도 '정비'가 되어있다. 'chairperson(의장)', 'firefighter(소방관)', 'mail carrier(집배원)'는 일상적으로 사용되는 성 중립적인 용어이다. 아프리카계 미국인, 아메리카 원주민, LGBTQ는 이제 그들을 일컫는 고유의 용어가 되었다. 그러나 이와 같은 현상은 상대적으로 직장 내 커뮤니케이션이 경직되는 결과를 낳았다. 방문객들은 종종 미국인들이 직장에서라면 파티조차 '긴장을 완전히 풀고' 즐기는 모습은 볼 수 없다고 말한다. 직장에서는 칭찬일지라도 성별이 다른 동료에게 사적인 발언은 삼가야 한다는 사실을 꼭 기억해야 한다. 부적절하거나 달갑지 않은 행동으로 여겨지며 성희롱으로 고소당할 수 있기 때문이다. 20세기에는 축하의 의미

• 어떻게 불러야 할까? •

아프리카계 미국인을 '흑인(black)'이라고 부르는 것은 허용된다. 하지만 설령 흑인들끼리 서로를 다른 표현으로 부르는 것을 듣게 되더라도, 그 표현을 사용해서는 안 된다.

'아시아계 미국인'은 동남아시아와 인도 대륙을 포함한 아시아 출신 사람을 의미한다. '동양인(oriental)'이라는 표현은 몇 년 전부터 사용되지 않았으며 무례하게 여겨진다.

'히스패닉'이나 '라틴계(latino)'는 인종이 아닌 민족을 지칭하며 대체로 스페인어를 사용하는 사람들이 이에 속한다. 두 용어의 차이는 나라마다 다를 수 있다.

'LGBTQ'는 레즈비언(Lesbian), 게이(Gay), 양성애자(Bisexual), 트랜스젠더(Transgender), 그리고 퀴어(Queer: 성 소수자를 포괄적으로 지칭하는 말-옮긴이) 또는 퀘스처닝(Questioning: 성 정체성을 고민하는 사람을 지칭하는 말-옮긴이)의 약자를 따서 만든 표현이다. 이 용어에서 게이는 남성 동성애자를 의미하지만, 일반적으로는 남성과 여성 모두를 지칭할 수 있다. 최근에는 '퀴어'라는 표현이 점점 더 많이 사용되고 있다. 때로 LGBTQ2+(여성과 남성의 정체성을 모두 가지고 있는 사람들을 포함해 지칭하는 말-옮긴이)라는 용어도 사용한다.

그리고 아직도 옛날 사고방식을 가지고 있는 남자들을 위해 조언하자면, 비즈니스 환경에서는 절대로 여성을 지칭할 때 '아가씨(girls)'라고 불러서는 안 된다!

로 등을 두드리거나 어깨에 팔을 두르는 일이 흔했지만, 신체적 접촉으로 감정을 표현하는 행동은 이제 더는 허용되지 않는다.

【문서 증거】

헌법에 남겨진 조항부터 오늘날 비즈니스 소송에 이르기까지 미국인들은 온라인이나 서류에 정식으로 남겨진 '기록'만 신뢰한다. 각양각색의 사람들이 살아가는 거대한 나라 미국에서는 모든 사람이 '같은 생각'을 한다고 가정하기 어려우며, 모든 일을 '문서화'해야 하므로 '기록'으로 남겨진 증거는 중요하다.

보디랭귀지

악수할 때는 상대의 손을 힘 있게 쥐고, 눈을 맞추며 미소를 짓는다. 이를 통해 신뢰감을 형성하고 진심을 전달할 수 있다. 미국인들은 대화할 때 '컴포트 존(편안함을 느끼는 안전지대-옮긴이)'을 확보하기 위해 보통 한 팔 간격 정도 거리를 유지하기를 원하지만, 친밀감을 표현하거나 요점을 강조하기 위해 상대의 팔을 살짝 건드릴 수도 있다. 물론 다른 사람에게 질병을 옮길 위험이 있을 때는 사정이 다르다. 이 경우, 대략 180cm 정도를 유지하면 신체 접촉을 방지하면서도 대화 상대 역시 편안함을 느낄 수 있다.

일부 문화권에서는 계층의 사다리에서 높이 올라갈수록 갖추어야 할 격식도 많아진다. 그러나 계층 간 '권력 차이'가 크지 않은 미국에서는 그렇지 않다. 회의에서 '누가 상사인지' 어떻게 알아볼 수 있을까? 자리 배치나 직원들의 복종에서가 아니라, 편안하지만 권위가 느껴지는 태도로 알 수 있다.

고정관념에서 완전히 벗어나 여러 지역의 비언어적 제스처를 일반화하기는 어렵다. 그러나 텍사스 사람들은 대체로 친근하고 쾌활한 태도로 유명하며, 중서부 사람들은 자립심이 뛰어나고, 이탈리아계 미국인은 독일계 미국인보다 대화할 때 팔을 사용하는 제스처를 더 많이 쓴다고 알려져 있다. 베이비붐 세대에게는 익숙하지 않지만, 하이 파이브는 친구들 사이에서 흔한 행동이다. 코로나19로 주먹이나 팔꿈치를 맞대는 인사가 일상적인 일이 되었다. 아프리카계 미국인끼리는 일명 '3단계 악수' 인사를 하는데, 이 동작을 잘 알지 못한다면 시도하지 않는 편이 낫다.

비언어적 제스처는 문화 간 오해를 일으키기 쉽다. 예를 들어, 미국인은 '좋다'는 의미로 엄지와 집게손가락을 맞닿게 'O' 자 모양을 만드는데, 이는 다른 문화권에서는 불쾌감을 줄 수 있다. 따라서 찬성한다는 의미로는 엄지손가락을 드는 보편적인 제스처를 취하는 편이 좋다.

유머

자신감에서 비롯되었든 불안감에서 비롯되었든 간에, 미국인은 자신이나 자국을 깎아내리는 유머를 구사하지는 않는다. 전문 코미디언조차도 자조적인 농담을 하는 경우는 거의 없다. 이를 제외하면 미국인의 유머 스타일은 지역이나 민족 배경에 따라 다양하다. 미국식 유머는 냉정하고 신랄하며 전 세계에 통하는 보편적인 농담에서부터 미국인 특유의 점잖고 재치 있으며 미묘한 스토리텔링에 이르기까지 다양하다. 다른 많은 분야에서와 마찬가지로 유대인은 마르크스 형제(유대인 이민자 부모 밑에서 태어난 뉴욕 출신 가족 코미디 예능 단체-옮긴이)부터 우디 앨런과 래리 데이비드에 이르기까지 미국 코미디 및 엔터테인먼트 산업에 지대한 공헌을 했다.

선호하는 스타일은 다양할 수 있지만, 미국인들은 어디서나 유머와 함께하는 것을 좋아한다. 즐거운 시간을 보내는 것은 미국인의 타고난 권리로 여겨진다. 많은 미국인이 이웃하는 주에 대한 날카로운 혹평을 흔쾌히 남겨두며 서로 유머 경쟁을 펼칠 것이다! 미국인들은 TV 시트콤과 코미디 공연, 베스트셀러 도서 혹은 레딧, 어니언, 퍼니 오어 다이와 같은 웹사이트의 온라인 밈에서 재미있는 이야깃거리를 얻는다.

미국인의 가정과 사무실에는 재미있는 만화가 붙은 게시판이 있으며, '오늘의 농담'이 실려있는 달력도 있다. 단, 미국은 '정치적 올바름'이 존재하는 나라이므로 부적절한 농담은 피해야 한다. 또한 상대방의 성향을 확신할 수 없다면 정치에 관한 농담도 피하는 편이 좋다.

언론 매체

2021년 설문조사에서 미국인의 86%가 인터넷을 통해 뉴스를 접한다고 응답했으며, 이 수치는 최근 더 높아졌을 가능성이 크다. 한편, TV는 68%로 2위를 차지했으며, 라디오는 50%,

출판물은 32%로 그 뒤를 이었다. 물론 케이블 뉴스 채널과 잡지에는 자체 웹사이트가 있고, 일부 라디오 프로그램은 다운로드할 수 있으며, 모든 신문은 정해진 시간에 이메일로 아침 뉴스를 보내주기 때문에 뉴스를 접하는 매체는 서로 중복되기도 한다. 미국의 대중 매체는 전 세계의 소식과 사진이 뒤죽박죽 뒤섞여 있는 거대한 통이나 마찬가지다.

좋은 소식은 언론과 출판의 자유를 보장한 수정헌법 제1조에 따라 미국의 언론과 뉴스 매체는 입법, 사법, 행정부에 비길 만한 '제4의 권력'을 누리며 철저하게 독립적일 수 있다는 점이다. 그다지 좋지 않은 소식은 정부가 언론에 개입할 수는 없지만, 언론사 소유주는 진보와 보수 사이에서 분명한 태도를 견지한다는 점이다. 이는 현재 미국 정치의 양극화 현상을 반영하는 것으로, 많은 독자(혹은 시청자나 청취자)가 자신의 개인적 견해에 따라 매체를 선택하는 상황에서는 특정한 이슈에 대한 '반대편'의 이야기는 거의 듣지 못하게 되는 문제점이 발생한다.

따라서 미국 방문객은 각 뉴스 매체의 평판이 어떤지 잘 알고 있어야 한다. 〈뉴욕 타임스〉, 〈워싱턴 포스트〉, 〈보스턴 글로브〉, 〈로스앤젤레스 타임스〉 등 미국에는 우수한 신문사와 그 웹사이트가 있다. 또한 뉴스 마니아를 위한 〈타임〉이나 〈뉴스위크〉와 같은 뉴스 잡지뿐 아니라 〈스포츠 일러스트레이티드〉, 〈피플〉과 같이 특정한 분야를 전문적으로 다루는 잡지도 있다.

연락을 주고받는 방법

【 온라인 】

전 세계적으로 약 50억 명에 가까운 사람들이 인터넷을 사용한다. 많은 사람이 이미 친구들과 연락하고, 최신 정치적 이슈에 대해 논쟁하고, 자신만의 예술 및 여가 활동을 자랑스럽게 소개할 때 미국인이 사용하는 주요 앱을 모두 알고 있을 것이다.

미국인 대다수는 하루 평균 8시간 가까이 온라인에 접속해 있다. 당신과 마찬가지로 미국인도 페이스북, 인스타그램, 스냅챗, 틱톡, 왓츠앱과 같은 소통 창구를 이용해 전 세계와 연결되어 있으며, 온라인상에 글이나 사진, 동영상을 공유한다. 농담과 의견을 게시하기 위해 '세계 마을 광장' 트위터를, 구직을 위해 링크드인을 사용하기도 한다. 수십 개가 넘는 데이트 앱

중에서 틴더와 범블은 개인별 맞춤 '로맨스'를 제공한다. 물론 유튜브도 빼놓을 수 없다. 세계 최대 동영상 공유 플랫폼인 유튜브에는 여전히 개인 사용자가 만든 콘텐츠가 대부분이지만, 다른 많은 플랫폼과 마찬가지로 미디어 회사의 유통 창구이자, 정치인 및 특수 이익 집단의 대변인이며, 광고주에게는 마케팅 성공을 위한 관문 역할을 한다.

와이파이는 도서관, 공항, 호텔 비즈니스 센터, PC방, 공공장소 등 어디에서나 사용할 수 있으며, 대부분 무료이다.

초고속 인터넷 연결을 가능하게 하는 5G 네트워크는 미국 전역으로 계속해서 확산하고 있다. 현재 버라이즌과 티모바일이 무선 통신 업계의 강자이지만 AT&T와 다른 통신사들도 빠르게 따라잡고 있다.

【전화】

휴대전화가 널리 사용되면서 공중전화는 점점 더 찾기 어려워지고 있으며 찾더라도 대부분 신용카드나 전화카드만 사용할 수 있다. 많은 미국인이 집에 있던 유선전화를 없애거나 지역 케이블 회사에서 집 전화, 광대역 인터넷, 그리고 100개가 넘는 TV 채널을 묶음 상품으로 함께 판매하는 서비스를 사용한다.

많은 사람이 음성 사서함과 '통화 대기' 서비스를 사용하고 있으므로 걸려오는 전화를 놓치지 않고 원할 때 통화할 수 있다. 메신저 기능은 비즈니스뿐 아니라 사회생활에서도 의사소통의 주요 수단이 되었다. 요즘에는 직접 전화 통화를 하기보다는 메시지를 사용하는 편이 빠르고 간편하다고 생각하는 사람들이 많다.

당신의 휴대전화가 GSM(유럽에서 개발된 세계에서 가장 널리 사용되고 있는 무선 통신 시스템-옮긴이)을 사용했다면, 미국에서도 GSM이나 CDMA(확산 대역 기술을 이용한 디지털 이동 통신 시스템-옮긴이) 기반 통신 사업자의 서비스를 사용하면 문제없이 작동할 것이다. 잠금 해제가 되어있는지 확인하고, 유심칩을 구매하여 장착한 후 작동하기를 기다리면 된다! 미국 도착 후 선불폰의 일종인 '버너폰(잠시 사용하고 폐기하는 휴대전화로 우리나라의 대포폰과는 달리 미국의 버너폰은 합법이다-옮긴이)'을 살 수도 있고, 스마트폰용 버너폰 앱을 내려받는 방법도 있다. 전문 휴대전화 판매점에 문의하면 도움을 받을 수 있다.

호텔에서 전화를 걸 때는 수신자 요금 부담으로 하거나, 신용카드 또는 선불 전화카드를 사용할 수 있지만, 요금이 매우 비싸다.

해외에서 미국으로 전화를 거는 경우 해당 국가의 국제 접속 번호(예: 영국은 00), 미국 국가 번호 1, 세 자리 지역 번호(예: 뉴욕은 212), 그리고 일곱 자리 전화번호를 차례로 누른다. 예를 들어, 뉴욕에 있는 123 4567번으로 전화를 거는 경우, 영국에서는 00 1 212 123 4567을 누르면 된다.

【우편】

미국의 우편 서비스는 저렴하며 신뢰할 수 있다. 우체국은 일반적으로 오전 9시부터 오후 5시까지 운영한다. 오래 기다리지 않으려면 혼잡하지 않은 시간에 방문하라. 우표는 일부 슈퍼마켓뿐 아니라 온라인에서도 구매할 수 있다. 미국의 우체국에서는 다른 나라처럼 청구서 납부나 문구 판매 서비스는 제공하지 않지만, 포장에 필요한 일부 용품은 구매할 수 있다.

미국을 여행하고 있는 방문객에게 우편물을 보내고 싶다면, 미국 내 어느 우체국으로나 보낼 수 있다. '일반 배송General Delivery'으로 표시하고 우체국의 우편 번호를 기재하면 된다. 우편물을 수령할 때는 사진이 부착된 신분증을 제시해야 한다. 요금, 우편 번호 등에 대한 정보는 www.usps.com에서 확인할 수 있다.

페덱스나 유피에스 등 민간 배송 업체는 요금이 비싸지만, 자택 픽업 서비스처럼 빠르고 편리한 서비스를 제공한다.

결론

'전형적인' 미국인에 대한 정의를 내리는 일은 그 어느 때보다 어려워지고 있다. 어쩌면 독립선언문의 잉크가 마르기도 전부터 미국인에 대한 정의는 이미 매 순간 변화하고 있었을지도 모른다. 하지만 이제 막 미국에 도착한 이민자이든, 오래전 메이플라워호를 타고 미국에 정착한 사람의 10대 후손이든, 모든 미국 시민 혹은 미국 시민이 되고자 하는 사람들의 정신에 새겨지는, 미국인을 지배하는 특별하고 중요한 가치는 여전히 존재한다. 성공을 명예롭게 여기는 문화와 그 속에서 개인적 발전을 추구하게 만드는 원동력, 어떤 의견도 자유롭게 표현할 수 있으며 어떤 장애물도 극복할 수 있다는 기대감, 미국의 잘못을 인정하든 인정하지 않든 미국이 세계에서 가장 위대한 나라라고 생각하는 압도적인 자부심과 애국심 등 이 책이 독특하고 분명한 미국인의 국민성을 담아냈기를 바란다. 빌 클린턴 대통령은 "미국의 모든 문제는 미국에 옳은 일을 통해 바로잡을 수 있다."라고 말하며 미국이 하는 모든 일에 정당성을 부여하기도 했다.

이 책은 여러분이 다양한 관점에서 이 흥미롭고 매력적인 나라를 이해할 수 있는 틀을 마련했다. 미국을 구성하는 다양한 문화, 그리고 미국에서 마주하게 될 사람들의 태도와 행동이 의미하는 바를 미리 이해한다면 미국에 더 좋은 손님이 될 수 있으며, 여행과 비즈니스에도 도움이 될 것이다. 이를 통해 당신의 미국 방문은 훨씬 보람 있는 경험이 될 것이다.

이제 미국에서 무슨 일이 일어날지에 대한 감을 잡았으니, 여행 계획을 세울 차례이다. 어디서부터 시작해야 할까? 이 거대한 나라 미국과 어떻게 친해질 수 있을까? 간단히 말해, 그런 고민을 할 필요가 없다. 한 주, 한 도시, 한 거리에서 일어나는 우연한 만남을 통해 한 번에 하나씩 미국을 발견해 나가면 된다. 물론 그랜드캐니언, 나이아가라 폭포, 엠파이어 스테이트 빌딩, 알라모 요새와 같은 상징적인 명소는 꼭 가보아야 한다. 그러나 이 위대한 땅에서 가장 기억에 남을 풍요로운 경험은 여행하는 동안 마주치는 사람들과의 만남에 있다는 사실을 항상 기억하라.

유용한 앱

【 여행, 교통 】

Google Maps와 **MapQuest**는 원하는 목적지까지 가는 길을 안내하고, 목적지 주변에 무엇이 있는지 알려준다. **Waze**는 우수한 내비게이션 기능을 갖추고 있으며, 사용자 간 실시간 정보 공유를 통해 최신 교통 상황에 관한 정보를 제공한다. **Citymapper**는 미국 내 수십 개 도시에서 운행하는 모든 유형의 대중교통 수단을 이용해 가장 편리하게 목적지에 도착하는 경로를 검색해 주는 인기 앱이다.

미국의 도시에서는 수많은 승차 공유 서비스 앱을 사용할 수 있다. 전국적으로 가장 이용자가 많은 앱은 **Uber**, **Lyft**, **Curb**, **Gett** 등이다. 운전자라면 **Gasbuddy**를 이용해 근처에 있는 가장 저렴한 주유소를 찾을 수 있다. **Weather Channel**과 **Dark Sky**는 날씨 관련 정보를 제공한다.

AllTrails는 여러분이 있는 지역에서 하이킹, 러닝, 사이클을 즐길 만한 최적의 코스를 추천할 뿐 아니라, 코스별 특징과 이용자 평가 등을 포함한 최신 정보도 제공한다. **Roadside America**는 1만 5,000개가 넘는 이색 관광지, 박물관, 조각상, 예술 공간, 랜드마크에 관해, 설명과 조언을 포함한 재치 있는 정보를 제공해 준다. 지도 및 길 찾기 기능도 탑재되어 있다.

Booking은 현재 위치와 가장 가까운 호텔의 객실과 요금에 관한 정보를 제공한다. **Kayak**과 **TripAdvisor**를 이용하면 호텔, 항공권, 렌터카, 레스토랑 등에 관한 정보를 얻을 수 있을 뿐 아니라 여행에 필요한 모든 사항을 체계적으로 관리할 수 있다. **FlightAware**는 모든 국내선 및 국제선 항공편을 추적해 연착 상황, 운항 취소 여부, 탑승구 변경 등에 관한 정보를 제공한다.

【 음식, 쇼핑, 엔터테인먼트 】

근처에 있는 맛집이 어디인지 알고 싶으면 **OpenTable**을 이용해 추천을 받거나 예약을 할 수 있다. 직접 가기는 번거로운가? **Grubhub**, **Doordash**, **UberEats** 등을 이용하면 현지 음식을 문 앞까지 배달받을 수 있다.

Groupon은 거의 모든 품목의 할인 쿠폰을 제공하는 앱이다. **Yelp**는 식당과 상점, 그리고 기타 다양한 서비스에 관한 정보를 찾을 때 유용하다.

Headout은 뉴욕, 라스베이거스, 샌프란시스코, 로스앤젤레스, 올랜도 등 유명 도시의 인기 관광 명소, 공연, 투어 및 체험 프로그램에 관한 정보를 제공한다. **StubHub**는 콘서트나 스포츠 경기 등 미국 전역에서 열리는 다양한 행사의 티켓을 구매하거나 판매하는 사람들을 위해 개인 간 안전한 티켓 거래 서비스를 제공한다. 뉴욕에 있는가? TKTS 부스에서 판매 중인 브로드웨이와 오프 브로드웨이 공연의 할인 티켓에 관한 정보를 **TKTS** 앱을 통해 미리 확인할 수 있다. **Paypal**에서는 은행카드나 신용카드를 사용한 결제 서비스를 제공한다. **Venmo**는 간편하게 사용할 수 있는 개인 간 송금 앱이다.

참고문헌

Althern, Gary, and Janet Bennett. *American Ways: A Cultural Guide to the United States of America*. Yarmouth, Maine: Intercultural Press, 2011.

Baker, Peter, and Susan Glasser. *The Divider: Trump in the White House, 2017-2021*. New York: Doubleday, 2022.

Bryson, Bill. *Made in America*. Great Britain: Martin Secker & Warburg Ltd., 1994.

——. *I'm A Stranger Here Myself: Notes on Returning to America After 20 Years Away*. New York: Broadway, 2000.

Froner, Eric. *The Story of American Freedom*. New York: W.W. Norton & Company, 1999.

Gwyne, S.C. *Empire of the Summer Moon: Quanah Parker and the Rise and Fall of the Comanches, the Most Powerful Indian Tribe in American History*. New York: Scribner, 2010.

Rankine, Claudia. *Citizen: An American Lyric*. Minneapolis: Graywolf Press, 2014.

Woodard, Colin. *American Character: A History of the Epic Struggle Between Individual Liberty and the Common Good*. London: Penguin Books, 2017.

——. *American Nations: A History of the Eleven Rival Regional Cultures of North America*. London: Penguin Books, 2012.

지은이

앨런 비치

영국 옥스퍼드대학교에서 심리학 석사 학위를 취득한 후 고향인 런던을 떠나 뉴욕에서 비즈니스 커뮤니케이션 분야의 경력을 쌓았다. 세계적으로 가장 규모가 큰 은행을 비롯해 유수의 인적 자원 관리 및 커뮤니케이션 컨설팅 회사에서 일했으며, 독립 컨설턴트로 활동하기도 했다. 미국과 영국의 이중 국적 소유자로, 인기 미스터리 시리즈 『올리버 스위턴』의 저자이기도 하다.

지나 티그

작가이자 이문화 경영, 해외 이주, 글로벌 경력 개발 분야의 트레이너이다. 영국 출신으로 프랑스, 스페인, 브라질, 미국, 호주 등 여러 나라에서 일했다. 뉴욕에서 16년간 거주하는 동안 컬럼비아대학교에서 조직심리학 석사 및 상담심리학의 교육학 석사 학위를 취득했다. 다문화 컨설팅 분야에서 성공적으로 경력을 쌓았으며, 해외 이주자의 적응 및 경력 관리에 관한 글을 다수 썼다.

옮긴이

이수진

한양대학교에서 영어영문학을, 동 대학원에서 영어교육학을 전공했다. 바른번역 글밥아카데미 출판번역 과정을 마치고 현재 소속 번역가로 활동하고 있다.

세계 문화 여행 시리즈

세계의 풍습과 문화가 궁금한
이들을 위한 **필수 안내서**